「孤独」のすすめ

【大活字版】

ひろさちや

はじめに

「孤独」というのは、マイナス価値なんでしょうか？

たしかに、孤独であることは、どこかマイナスの面があります。〝孤独に耐えて生きる〟といった言葉、〝独居老人〟〝孤独死〟などといった言葉が、それを示しています。

けれども、ときにあなたは孤独になりたいと思ったことはありませんか？

じつをいえば、「孤独」をマイナス価値として、孤独になることを避けようとすれば、あなたは世間に迎合せねばなりません。世間が是とするものを是とし、非とするものを非とせねばならない。あなたがあなたの個性を発揮して、独自の行動をすれば、あなたは会社の中で浮き上がってしまいます。あなたは変人として扱われ、仲間外れにされてしまいます。それがこわくて、たいていの人は多数に迎合して生きているのです。いわゆる大勢（あるいは体制）と〝つるんで〟いるのです。

あなたがときに孤独になりたいと思うのは、世間や大勢、あるいは体制に迎合しながら生きている卑屈な自分を発見して、そういう生き方に反撥したときなんです。そんなときあなたは、

——ゴーイング・マイ・ウェイ（わが道を行く）——

を考えます。もっとも、そう考えたところで、あなたが一匹狼になれるかどうか。たいていは無理ですね。やはり孤立するのがこわくて、世間に迎合してしまいます。

しかし、世間のたいていの人は、最初の最初から世の大勢に迎合しながら生きていますから、あなたが一瞬にせよ、世間に叛旗を翻したくなったことは、それはそれで大きな意味があります。

まあ、ともかく、「孤独」をマイナス価値として捉えれば、その「孤独」から逃れるためには、あなたは世間に迎合せねばなりません。繋累がなしに独居している人にしても、「孤独」をおそれた人は、どこかで仲間をつくって、その仲間とつるまねばなりません。現代日本人の多くは、そういう生き方を選んでいるようです。

でもね、本当に「孤独」はマイナス価値でしょうか？　わたしはそうは思いません。

「孤独」というのは、世間に迎合しない毅然《きぜん》とした生き方の姿勢を意味します。だから、むしろプラス価値だと思います。

したがってわたしたちは、「孤独」を楽しんで生きたほうがよいのです。

そういう主旨で、わたしはこの本を書きました。

注意してほしいのは、多くの人は、

——孤独に生きる——

と思っています。それだと、孤独はマイナス価値になります。そうではなくて、

——孤独を生きる——

と考えてください。「孤独」をプラス価値にして、「孤独」を楽しんで生きてください。

そのような生き方のヒントを、わたしはこの本で書きました。どうかみなさまの生き方の参考にしてください。

合掌

二〇一六年八月

ひろさちや

「孤独」のすすめ　目次

III 絶対の孤独

Ⅳ　阿呆の孤独

I　家族の孤独

1　天国でまた会える

スイス生まれのプロテスタント神学者のカール・バルト（一八八六―一九六八）には、さまざまな逸話があります。ある人がバルトに紹介されたとき、

「あなたと同じ名前の偉大なる神学者がいることをご存じですか？」

と尋ねました。まさか目の前にいる人がその偉大なる神学者であることを、その人は知らなかったのです。するとバルトはこう答えました。

「知っているどころか、わたしは毎朝、彼のひげを剃《そ》っています」

なかなかユーモアのある返答ですね。

また、あるときバルトは、少ししつこい婦人から質問されました。

「先生、教えてください。わたしたちが天国において、愛する人々と再会するというのは、本当に確かなのですか？」

するとバルトは、その婦人を鋭く見すえながら、おもむろに、しかし力をこめて、こう返答しました。

「確かです。……だが、他の人々とも再会しますよ」

この二つの逸話は、宮田光雄著『キリスト教と笑い』（岩波新書）に紹介されているものです。

後者の逸話において、質問者の婦人は、彼女が再会したいと思っている人と、天国において再会できるか／否かを尋ねているのです。ところがバルトは、いささかはぐらかし気味に、あなたは、あなたが会いたくないと思っている人とも天国において再会するのですよ、と教えています。ちょっと意地が悪いですね。

しかし、このバルトの指摘は重要です。

わたしたちは自分の恣意《しい》でもって、あの人は善い人／悪い人だと判断し、そしてあの人とできればもう一度会いたい／あんな人とは二度と会いたくないと思います。だが、その判断は神の判断ではありません。天国の門は、わたしが嫌っている人、憎んでいる人にも開かれている可能性があります。いや、場合によっては、わたしが愛している人、好きな人が、天国の門をくぐれないかもしれません。それに、ひょっとしたら、天国において愛する人と再会できるか／否かを質問した婦人が、天国の門をくぐれず、地獄に堕ちるかもしれません。

だとすると、カール・バルトの答えはいささか不正確です。正確に答えるなら、

「もしもあなたが天国に行けたとして、その天国においてあなたが愛した人と再会できるか／否かは分かりません。なぜなら、あなたが愛した人が天国の門をくぐれたかどうか分からないからです。けれども、あなたがこの世で嫌った人、憎んだ人と、天国において再会するのは確実です。あなたが嫌った、憎んだという理由だけで、その人が天国に入れないわけではないのですから」

となります。

じゃあ、もしもその婦人が地獄に堕ちた場合はどうなるのでしょうか？　その婦人は地獄において、この世で愛した人と再会できるのでしょうか？　それについては、わたしには答えられません。誰かキリスト教の神学者に訊《き》いてみたいと思っています。

＊

じつはわたしは、カール・バルトと同じ質問を受けたことがあります。同じといって

も、わたしの場合は仏教のお浄土に関する質問でしたが……。

仏教講演会の終了後の聴衆からの質問でした。

「先生、極楽浄土に往けば、この世で縁のあった人と再会できると教わりましたが、本当にそうなんですか？」

その質問に、わたしはこう答えました。

「『阿弥陀経《あみだきょう》』という経典には〝倶会一処《くえいっしょ》〟という言葉が出てきます。多くの人々が倶《とも》に一つの処《ところ》（極楽世界）で会うことができるといった意味です。だからあなたが極楽世界において、この世で縁のあった人と再会できることにまちがいはありません」

すると彼女はにやりと笑って、挑戦気味にこう言ったのです。

「ああ、そうですか。では、わたしは極楽浄土なんかに往きたくありません。わたしは地獄に行くことにします」

会場には大きな笑い声がしました。

挑戦を受けて、わたしは応戦しました。

「あなたは地獄に行きたいのですね。なぜ地獄に行きたいか、あなたの気持ちがよく分かります。それなら、あなたは地獄に行かれるとよいでしょう」

「なぜわたしが地獄に行きたいか、先生にはその理由が分かりますか？」

「はい、分かりますよ」

「では当ててみてください」

ちょっと美人なのに、どうにも憎らしい態度です。

「あなたはお姑《しゅうとめ》さんと仲が悪かったのでしょう。そのお姑さんが死んでお浄土においでになる。だからあなたは、お姑さんのいるお浄土に往きたくない。お浄土に往くくらいであれば、地獄に行ったほうがましだ。そう考えているのでしょう」

「先生、図星です。よく分かりましたね」

そこでわたしは、ちょっと彼女をいじめてやろうと思いました。

「なるほど、あなたが地獄に行けば、お姑さんに会うことはありません。けれども、言っておきますが、あなたは地獄でご亭主にも会うことができませんよ」

「ああ、主人に会えないのですか……。それは願ったり叶《かな》ったりです」

「なるほど、そうきましたね。しかし、あなたは、ご自分を生んでくださったお父さん、お母さんにも会えませんよ」

「えっ、どうしてですか……?!」

「それから、あなたは、ご自分のきょうだいや、ご自分が生んだお子さんにも会えませんよ」

「どうしてですか?!」

彼女の顔色がだいぶ変わりました。

「あなたは、親しかったお友だちにも会えませんよ」

「なぜ?!　どうして……?!」

「なぜかといえば、あなたが行く地獄は、〈孤独地獄〉だからです。その地獄には、誰もいません。あなたをいじめる鬼すらいない。そんな地獄に、あなたはぽつねんといるのです。何年ぐらい地獄にいるか。あなたは知っていますか？」

「いいえ、知りません」

「地獄で苦しむ期間は、最低でも一兆六千二百億年とされています。それだけの長時間、あなたは地獄で孤独でいるのです。さあ、あなたは、どうぞ孤独地獄に行きなさい。わたしは引き止めませんよ」

彼女は、ついに涙声になりました。

「先生、そんなにわたしをいじめないでください」

「おや、おかしいですね。わたしはなにもあなたをいじめていませんよ。あなたが、『お浄土なんかに往きたくない。わたしは地獄に行きたい』と言われたから、わたしはあなたが行く地獄の観光案内をしただけですよ」

もっとも、そうは言っても、やはりわたしは彼女をいじめたことになりますよね。

それはそうとして、わたしは二冊の本を書いて、この「地獄の観光案内」をしています。

『死後の世界の観光案内』(ごま書房、一九八三)

『仏教の世界観　地獄と極楽』(すずき出版、一九九〇)

古いものですが、興味のある方は図書館ででも探してください。

2　嫁と姑の反目

嫁と姑の対立は、なかなか厄介な問題です。ある意味では、人類だけが悩まねばならない問題です。

じつをいえば、そもそもおばあさんなるものが存在する動物は、ヒトとゴンドウクジラだけなんです。そのことは、行動生態学専攻の長谷川眞理子さんが次のように指摘しています。

《ゴンドウクジラのメスは、ヒト以外で知られている限り唯一、やはり閉経後も何年も生きる動物であるらしい。そして、ゴンドウクジラもメスたちが血縁集団で暮らし、おばあさんが娘の繁殖を助ける機会を豊富に持っているのである》（長谷川眞理子編著『ヒト、この不思議な生き物はどこから来たのか』ウェッジ）

では、おばあさんとは何か？　普通、孫のいる女性を〝おばあさん〟と呼びます。そうすると、独身のまま老齢を迎えた女性はおばあさんにはならないのでしょうか……？

そうではありませんよね。

昔、金田一春彦・池田弥三郎編『学研国語大辞典』（学習研究社、第七刷、一九七九）で〝男〟を引いてみたら、

《男……人間の性別の一つで、女でない方》

とありました。それでおもしろいと思って〝女〟を引いてみたら、

《女……人間の性別の一つで、子を産む能力をもっているもの》

とありました。そのとき、わたしの娘はまだ初潮前で子を産む能力がなかった。だから娘は女でなかった、女になっていなかったわけです。それはそれで納得できます。

ところが、かつては子を産む能力を持っていたが、すでにその能力を失った女性がいます。つまり閉経後の女性です。そのような女性は、辞書的な意味では「女」でありません。

わたしは、それが「おばあさん」だと思います。

そして、そうしたおばあさんがいる動物は、ヒトとゴンドウクジラだけなんです。

そのほかの哺乳類のメスは、ゾウ・キリン・アザラシ・チンパンジー・カバなど、す

べて死ぬまでメンスがあります。つまり子を産む能力を持っているわけです。

では、なぜヒトにおばあさんがいるのでしょうか？　長谷川さんは次のように書いています。

《では、ヒトの女性が閉経後もかなり長い間生き続けるという性質は、なぜ進化したのだろうか？　普通に考えれば、このようなことは進化しないはずなので、このことには、何か特別な進化的利益があったと考えざるを得ない。それを説明するために、クリスティン・ホークスをはじめとする何人かの人類学者たちは、これは、女性が自らの繁殖から解放されたあと、その知恵と経験を生かして自分の娘や血縁者の子育てを援助することにより、結局は、繁殖成功度を上昇させることができたからではないかという仮説を提出した。これを、「おばあさん仮説」と呼ぶ》（前掲書）

ゴンドウクジラのおばあさんも、娘の育児を手伝っています。だとすれば、おばあさんの存在理由は、娘の育児を援助することにある、と言えそうです。

チンパンジーの母親であれば、育児は何もかも一人でこなさねばなりません。だから、子育てが終わってからでないと、次の子を産むことができないのです。しかし、ヒトの女性は、祖母が手伝ってくれることにより育児負担が大きく軽減されます。そのためにヒトの赤ん坊の離乳期はチンパンジーよりも早まり、またヒトの女性はチンパンジーよりも速い速度で次の子を産めるようになった――というのが「おばあさん仮説」です。もっとも、この「おばあさん仮説」は現在のところあくまでも仮説であって、これに対する反論も多いようです。

だが、わたしたちが注意しなければならないのは、この「おばあさん仮説」で論じられているのは、おばあさんはあくまでも自分が生んだ実の娘の子育てを援助することになっているいることです。しかし、現在の日本の家族制度においては、おばあさんは実の娘と同居するのではなく、息子の嫁と同居するのがほとんどです。そこに、

――嫁と姑の対立――

の原因があります。だとすれば、嫁と姑の反目を解消するためには、家族制度の変革以外に方法はないのかもしれません。けれども、嫁と姑が別居していても、それはそれで啀《いが》み合いがあるのが現実です。まあ、これは、ゴンドウクジラでないヒトという動物の、生物学的な悩みだと思って諦めるよりほかなさそうです。

＊

こんな笑い話があります。

梅子さんが隣家の松子さんに話しかけます。

「今日はお嬢さんが里帰りのようですね」

「ええ、娘が帰って来ました。うちの娘は幸せです。旦那は、仕事で遅くなるとき、『先に寝ていていいよ』と言ってくれますし、しょっちゅうレストランや料理店に連れて行ってくれるそうです。そして今日のように、『のんびり実家で羽をのばしておいで……』と里帰りをさせてくれます。いい所に嫁ぐことができました」

「それはよかったですね」

それからしばらくして、また梅子さんが松子さんに言いました。

「この二、三日、お嫁さんの姿が見えませんが……」

「ええ、嫁は里帰りをしています。うちの嫁は、しょっちゅう里帰りばかりをしています。いやな嫁です。それにね、料理を作るのが面倒なんでしょう、しばしば外食に出掛けるのです。それから、息子が仕事で遅くなっても、自分はさっさと先に寝てしまうのです。あれじゃあ、息子がかわいそうです」

「本当にね、最近の若い人は困りものですよね」

行動そのものに関するかぎり、娘と嫁の二人はまったく同じです。にもかかわらず娘は幸せで、嫁のやることは憎らしい。そうなってしまうのです。なぜそうなるか？　あとで考えることにします。

＊

嫁と姑は啀みあいます。別段、嫁と姑だけではありません。家族のあいだでは、夫婦の諍《いさか》い、親子の対立、きょうだいの反目があります。いまは代表的に嫁と姑の不和を例にとります。

嫁と姑は対立し、互いに相手を嫌います。

そして、妻は夫に自分への加勢を求め、母は息子が自分の味方になってくれることを期待します。

だが、息子はたいていの場合、旗幟《きし》を鮮明にするわけにはいきません。どうしても中途半端な態度をしてしまいます。

その結果、妻も母も、両方がともに孤独を感じることになります。

〈誰もわたしのことを本当に分かってくれない〉

そういった孤独感に苛《さいな》まされるようになるのです。

そうすると、お姑さんが死んだあと、

〈あんなお姑さんがいるお浄土になんか、わたしは往きたくない。あんなお姑さんにお浄土で再会するくらいなら、むしろ地獄に行ったほうがましだ〉

と考えるようになります。そして、お姑さんと対立したとき、自分の味方をしてくれなかった夫に対しても、〈あんな夫とは、死後は一緒になりたくない〉となってしまいます。多くの寺院の住職に聞きますと、

「自分が死んだら、夫とは別の墓に葬ってほしい」

と遺言している女性が少なからずいるそうです。

前節でも言いましたが、わたしは、彼女が行く地獄は孤独地獄だと思います。

なぜなら、彼女はお姑さんや夫を嫌っていますから、そこに夫や義母がいるはずはありません。では、そこにわが子がいるかといえば、ときに彼女はわが子を嫌いました。わが子が自分の思い通りにならないという理由で。

〈こんな子どもを生まなければよかった〉

と思った瞬間があったに違いありません。そして、自分の父や母に対しても、憎み、

嫌った瞬間があったはずです。

ましてや友人に対しては、嫌悪の情を抱いたことがあったはずです。

つまり、われわれは、瞬間瞬間をとってみれば、あらゆる人に対して、

〈こんな人、いっそいなければよいのに……〉

と思うわけです。

自分から他人を排除したのだから、自分の死後に行く世界――地獄――に排除した人がいるわけがありません。したがって、わたしたちが死後に地獄に行くとすれば、その地獄は孤独地獄でなければならないのです。

そして、その孤独地獄で、われわれは一兆六千二百億年間、誰にも会うことなくぽつねんと過ごすのです。

にもかかわらず、あなたは地獄へ行きたいですか？

3　この世はご縁の世界

では、どうすればよいのでしょうか……？

わたしはあなたに、なにもお姑さんを好きになりなさい、と言っているのではありません。また、夫を好きになれ、とも言いません。

あなたが男性であれば、妻を愛せ、わが子を愛せ、父母を大事にしろ、と命令しているのではありません。もちろん、愛したほうがよい。父母を敬ったほうがよい。しかし、それはあくまでも道徳的な次元での話です。わたしは本書で、道徳を説こうとは思いません。

少し脱線することになりますが、道徳とは何かについて私見を述べておきます。

わたしは、

——道徳とは、強者が弱者をいじめる武器——

だと考えます。強者は、弱者が道徳を破ったとき、その道徳の名において弱者を糾《きゅう》弾《だん》します。だが強者自身が道徳を破っても、自分にはそれを守らないだけの相当な理由があるということで、自己を正当化します。

たとえば、約束の刻限に遅れて人を待たせることは、道徳的には悪いことです。だから社長と社員が待ち合せをして、社員が遅刻すれば、その社員はこっぴどく叱られます。場合によっては、会社を首になります。けれども強者である社長が遅刻したとき、たいていは「待たせたね」のひと言で終わりです。社長にすれば、

〈俺は大事な商談で遅れたのだ。社員が待つのは当然ではないか?!〉

といった考えがあるからです。弱者は道徳を守らねばならないが、強者は道徳なんかに縛られる必要はない。それが社会の常識になっています。

嘘をつくのは悪いことだ。それは道徳です。ところが、日本の政治家はしょっちゅう嘘をつきます。大企業だって嘘をつき放題です。そして消費者はその嘘に騙されてひどい目にあっても、政治家や大企業のお偉いさんは、その嘘がばれても、

『誰だってやっていることだから……』

とうそぶくだけです。まあ、ときにテレビの前で大企業の社長が頭を下げることがあ

りますが、彼らは内心ではちっとも悪いことだと思っていません。嘘をついて糺弾されるのは弱者だけです。

世の中には、嘘をつかない人なんて滅多にいません。そして人々は、「嘘も方便」と考えています。親も嘘をついているくせに、嘘をついて叱られるのは子どもです。それじゃあ子どもがかわいそうです。

まあ、道徳とは、そういういかがわしいものです。

したがってわたしは、読者に道徳を強要したくありません。むしろ、道徳なんて糞食《くそ》らえと思っています。

＊

で、話をもとに戻します。

嫁と姑は仲良くすべきだ。夫婦は仲良くせねばならない。きょうだいは仲良く。親子は仲良くすべきだ。それらはみんな道徳です。わたしは、道徳なんて糞食らえと思っています。

もしもみんなが道徳的であれば、離婚なんてありません。古来、天皇家は兄弟喧嘩ばかりしていました。桓武《かんむ》天皇は弟の早良《さわら》親王を幽閉し、憤死《ふんし》させています。天皇家は不道徳な人々が多くいました。

この世の中では対立があり、諍いがあって当然です。なぜかといえば、この世の中はご縁の世界だからです。

新幹線の中で偶然、二人の女性が隣り合わせに坐りました。若い女性は、にこにこしている老齢の婦人を見て、上品でやさしいおばあちゃんだと好意を持ちます。そのおばあちゃんのほうも、妙齢の女性に好意を寄せます。何の関係もない二人であれば、互いに好意を持つことができても、一人は姑、一人は嫁となれば、そこに反目が生じるのです。

〈うちのおばあちゃんは、他人にはやさしいが、わたしに対しては厳しい。いやなお姑さんだ〉

〈うちの嫁はだらしがない。娼婦であるまいし、あんなごてごてとした化粧はすべきでない〉

となってしまうのです。嫁と姑という縁（関係性）が、そうさせてしまうのです。

浄土真宗主催の寺庭《じてい》婦人会で講演したとき、小学四年生の女児を連れて来たお母さんがいました。〝寺庭婦人〟というのは、寺にいる婦人です。その小学生がわたしに質問したいということで、講師控室にやって来たのです。

「先生、学校の宿題は、大事なんですか？」

それが小学生の質問でした。

「ああ、大事だよ」

わたしはそう返事をしました。すると彼女は悲しそうな顔をします。〈しまった〉と思って、わたしは、なぜそんな質問をするのかと小学生に尋ねました。質問を受けたとき、いきなり答えてはいけないのですね。質問の趣旨をはっきりさせる必要があります。

彼女はこう説明しました。

彼女のおばあちゃんが風邪で寝ていたとき、夕食後、彼女はおばあちゃんの部屋に行って、折紙を折ってあげていました。そこにお母さんがやって来て、彼女を叱ります。

「おばあちゃんの病気なんて、どうだっていいのだから。あなたは大事な宿題があるんでしょう。さっさと宿題をしなさい」と。

「先生」と、小学生は質問を繰り返しました。「おばあちゃんの病気よりも、学校の宿題のほうが大事なんですか?!」

そう問われて、わたしは彼女に謝りました。

「ごめん、ごめん。先生は答えを変えるよ。おばあちゃんの病気のほうが、学校の宿題よりも大事なことだよ。病気のおばあちゃんのために折紙を折ってあげるあなたは、やさしい子だね。学校の宿題なんて、どうだっていいんだよ」

すると、横にいたお母さんが、猛烈にわたしに食ってかかってきました。

「先生、馬鹿なことを言わないでください。もしもこの子が落ちこぼれになったら、先生が責任を取ってくれますか?!」

このお母さんだって、一般論としてわたしの意見に賛成するでしょう。病気のおばあちゃんのために折紙を折ってあげる子どもが、やさしい子なんです。だが、現在の学校制度の中では、病気のおばあちゃんはほうっておいて、さっさと自分の宿題をする子が優秀な子とされます。だからお母さんは、わが子がやさしい子であるよりも優秀な子であってほしいと期待したのです。それをいちがいには責められません。

しかし、わたしは、ちょっと酷ではあると承知の上で、

「あなたは三十年、四十年もすれば、やがてお嫁さんから、

『おばあちゃんの病気なんてどうだっていいのだから、あなたはさっさと学校の宿題を

しなさい』

と言われるようになりますよ。そしてあなたは、誰もいない個室に閉じ込められている。そういう孤独を味わうようになりますよ」

と言わざるを得ませんでした。

孤独って、そういうものです。

では、われわれはこの母親に、学校の宿題をせずにおばあちゃんのために折紙を折る小学生を褒めよ、と命ずることができるでしょうか？　そんなことはできません。それは道徳であって、そんな道徳を言われたら、母親のほうがノイローゼになってしまいます。「やさしい子」と「優秀な子」の板挟みになるだけです。

だとすれば、この母親はどうすればよいのでしょうか？

むずかしい問題です。

結論的にいえば、この世においては問題の解決法なんてないということです。この世はご縁の世界であり、いろんな関係性、しがらみがあります。一方のためにすれば、他方が困る。そういう仕組みになっています。だから双方にとってのうまい解決策なんてありっこないのです。われわれは、この世においては孤独を解消できない、と諦めるべきです。

その諦めの上で、われわれはあの世における解決を考えたほうがよい。あの世というのは、わたしはお浄土を想定しています。お浄土においてこそ、わたしたちは、この世的な孤独から脱却できる。わたしはそのように考えているのです。

4　ヤマアラシのジレンマ

二〇一六年は、大正五年（一九一六）十二月九日に永眠した夏目漱石の没後百年なります。だから、というわけではないのですが、わたしは改めて漱石の作品を読みました。漱石の『行人《こうじん》』は、

――人間の孤独――

をテーマにしたものです。そしてその中で、

「Keine Brücke führt von Mensch zu Mensch.（人から人へ掛ける橋はない）」

といった独逸《ドイツ》の諺《ことわざ》が出てきます。ある意味では、この諺が『行人』の主題であると思います。

『行人』の主人公である学者の一郎は、妻と自分とが心が通じ合わないのに悩んでいます。弟の二郎と妻とは打ち解けている。むしろ馴れ慣れしいぐらいです。ひょっとすれば妻と弟は不貞を働いているのではないかと、兄が、疑うぐらいに仲がいいのです。だが、夫である自分には、どこかよそよそしい。それで一郎はいらいらします。そして、

Einsamkeit, du meine Heimat Einsamkeit!（孤独なるものよ、汝はわが住居《すまひ》なり）

といった、ドイツの哲学者のニーチェ（一八四四—一九〇〇）の『ツァラトゥストラかく語りき』の中にある言葉を自嘲《じちょう》気味に語っています。一郎は妻をはじめとする家族の誰とも心が通ぜず、孤独に生きているのです。一郎にとって、まさに「人と人とのあいだに掛ける橋」はなかったのです。

一郎は孤独地獄に住んでいます。ただしく漱石自身はそんな言葉を使っていませんが、わたしはそう思います。

では、なぜ一郎は孤独地獄に堕ちたのでしょうか？

わたしはここで、ドイツの哲学者のショーペンハウアー（一七八八—一八六〇）が寓《ぐう》

話的《わ》に語った、

――ヤマアラシのジレンマ――

を思いだします。

冬の寒い日、二匹のヤマアラシが互いに抱き合って、暖をとろうとします。しかし、ヤマアラシには刺《とげ》があります。それが邪魔になって、抱き合うことはできません。でも、離れると寒い。二匹は接近もできず、離れることもできず、互いに恨めしそうに見詰め合っている。そのような寓話です。

しかし、ヤマアラシだって交尾はするのでしょう。実際に後背位で交尾をするそうです。だとすると、この話、ちょっとおかしいですよね。

それはそうとして、刺というのは、人間の場合はプライドです。自尊心です。わたしたちは自我意識があるもので、なかなか他人を寄せつけません。ましてや自分のほうから他人に近づくこともしない。それで、人と人とのあいだに掛ける橋がなくなり、互いに孤立し、孤独地獄に堕ちてしまうのです。

一郎も、妻が自分にべたべたとくっついてくれることを期待しています。だが、妻にだって矜持《きょうじ》、自尊心があります。おそらく夫は気位《きぐらい》が高く、結婚の当初からどこか人を寄せ付けない驕傲《きょうごう》な態度であったのでしょう。〈それなら、わたしだって、別段あなたに甘えたりはしないわ〉と妻のほうもそうなったのだと思われます。二匹のヤマアラシは所詮は離れざるを得なかったのです。それが、一郎が孤独地獄に堕ちた理由だと思います。

でも、これは夫婦のあいだだけの反撥《はんぱつ》ではありません。親子のあいだだって、きょうだいのあいだだって、これに類する反撥が起きます。それが長年にわたる反目にならず、一時的な反撥であれば、人間関係において反撥が起きるのはあたりまえのことです。

その意味では、家族というものは、もともとバラバラな存在かもしれません。

いや、ここのところはむずかしいですね。おそらく昔は、家族というものはバラバラではなかったと思われます。家族は一心同体でありました。家長は家を守るために自己を犠牲にして切腹したり、家族の全員が必死になって家を守ってきました。それが近代になって、

——個我《こが》の確立——

とともに家が解体されてしまったのです。自分は家族の一員である前に、まず自分である、一人の人間だ、というのが個我の意識です。そのような個我が確立されると、家

族はバラバラになります。家族の全員がヤマアラシになってしまうのです。そうするとジレンマが生じ、個我と個我のあいだに橋を掛けることができず、家族のみんなが孤独地獄に住むことになります。漱石は、その状況を『行人』において描いたわけです。わたしはそのように考えます。

＊

では、一郎は、その孤独地獄から脱出するために、どうすればよいのでしょうか？

「死ぬか、気が違ふか、夫《それ》でなければ宗教に入るか。僕の前途には此三つのものしかない」

漱石は一郎にこう語らせています。一郎はこれを親友に語っているのです。それを聞いた親友は、次の話を一郎に教えます。少し引用が長くなりますが、おもしろい話なので聞いてください。なお、〝モハメッド〟というのは、イスラム教の開祖のムハンマドです。

私がまだ学校に居た時分、モハメッドに就いて伝へられた下《しも》のやうな物語を、何かの書物で読んだ事があります。モハメッドは向ふに見える大きな山を、自分の足元へ呼び寄せて見せるといふのださうです。それを見たいものは何月何日を期して何処へ集まれといふのださそうです。

期日になつて幾多の群衆が彼の周囲を取り巻いた時、モハメッドは約束通り大きな声を出して、向ふの山に此方《こっち》へ来いと命令しました。所が山は少しも動き出しません。モハメッドは澄ましたもので、又同じ号令を掛けました。それでも山は依然として凝《じっ》としてゐました。モハメッドはとう〳〵三度号令を繰返さなければならなくなりました。然し三度云っても、動く気色《けしき》の見えない山を眺めた時、彼は群衆に向かって云ひました。――「約束通り自分は山を呼び寄せた。然し山の方では来たくないやうである。山が来て呉れない以上は、自分がいくより外に仕方があるまい」。彼はさう云って、すたく〳〵山の方へ歩いて行ったさうです。

わたしたちは相手に向かって、心の中で、

〈もっとわたしに近づいて来い〉

と呼びかけています。しかし、相手は近づいてくれない。それなら、逆にわたしが相手に近づいて行く。そうすると自分と相手の距離が近くなったのです。それが奇蹟《きせき》です。

ムハンマドの話は、そのような宗教の奇蹟を語っています。

一郎の親友は、一郎に向かって、

「何故《なぜ》山の方へ歩いて行かない」

と言いました。しかし一郎は、

「もし向ふが此方に来るべき義務があつたら何うだ」

と応じています。妻のほうが自分に近づいてくればよい。それが妻たる者の義務だ。一郎はそう考えているのです。

それじゃあ、いつまでたっても距離は縮まりませんよ。

わたしたちは、宗教といえば奇蹟を起こすものだと思っています。対立していた夫を妻が、あるいは嫁と姑が、突然奇蹟が起きて仲良くなる。そういう奇蹟を期待しています。

でも、そう簡単に奇蹟は起きません。

それで人々は宗教から離れるのです。〈自分は宗教的な人間ではない〉と思ってしまうのです。

まさに一郎がそうなんです。「死ぬか、気が違うか、宗教に入るか」――三つのうち一つしか選択肢がないと分かっていながら、なおかつ宗教に入ることができない。それが近代人である一郎の煩悶《はんもん》です。

だが、一郎は宗教を誤解しています。

なるほど、宗教は奇蹟を起こすものです。けれども、奇蹟とは何か？　それは、山に向かって「こっちに来い！」と呼びかけて、それでも山が動かないとき、自分のほうから山に向かって歩いて行く。それが奇蹟です。そのとき、奇蹟が起きるのです。

それが一郎に分からなかった。

だから一郎は、もがき、苦しみ、煩悶を続けるよりほかなかった。わたしは漱石の『行人』を、そのように読みました。

5　お浄土へのお土産

誤解といえば、たいていの人が、

――お浄土――

というものについて、まちがった考え方をしています。

〝浄土〟とは「清浄国土」であって、これは仏がおられる世界、すなわち仏国土をいいます。日本人には阿弥陀《あみだ》仏がおいでになる極楽浄土（極楽世界）がよく知られていますが、ほかに大日如来の密厳《みつごん》浄土があり、また釈迦《しゃか》仏の霊山《りょうぜん》浄土もあります。しかし、以下では浄土を極楽浄土に代表させて考察を進めることにします。

さて、最初の章で、わたしは、

「お姑さんのいるお浄土なんかに往きたくない。わたしは、それなら地獄に行く」

と言った女性のことを紹介しました。この女性の発言は完全にまちがっています。彼女は、自分の意志でもって地獄に行くことができます。と言うより、彼女は〈地獄に行きたい〉と思っているのですから、確実に地獄に行きます。しかし彼女は、自分の意志でもって極楽浄土に往く権利を放棄したわけではありません。なぜかといえば、極楽世界は阿弥陀仏の招きがあって、はじめてわたしたちが往ける世界だからです。

この点では、仏教とキリスト教では、考え方に差があります。

キリスト教の場合は、浄土に対比されるのは天国になりますが、われわれが死後に天国に行くか／地獄に行くかは、イエス・キリストの審判によって決まります。よく新聞記事等に、

「天国へ行ったお父ちゃん」

といった表現がありますが、あれは人間の越境行為です。死者が天国へ行ったか／地獄に堕ちたか、人間が決めることではありません。

仏教のほうは、地獄に堕ちるのは人間が自由勝手に決められます。しかし、極楽浄土に往かしてもらえるのは、阿弥陀仏のお招きによるものであって、人間に権利はありません。そこのところをまちがえないでください。

それから、キリスト教においては、天国も地獄も永遠の世界です。いったん天国に入

れば、あるいはいったん地獄に堕ちたら、そこで死者は永遠の至福を味わうか／永遠の苦しみを味わいます。そこから二度と脱出はできません。

ところが仏教のほうは、地獄は有限の世界です。すでに述べたように、いったん地獄に堕ちても、最短で一兆六千二百億年の苦しみを受ければ、再び地獄から脱出できるチャンスが与えられています。

それに対して、極楽浄土のほうは、まずは永遠の世界ということになります。その意味では、キリスト教の天国と同じです。

もっとも極楽世界は、いったんそこに生まれても、もう一度この人間世界に還って来ることができます。だから行きっぱなしの世界ではありません。それでわたしは、極楽浄土へは〝往く〟と表記し、地獄は〝行く〟と書き分けています。〝往〟は〝往復〟を前提としての〝往く〟なんです。〝極楽往生〟という言葉がありますが、これは「極楽世界に往って生まれること」を意味します。

＊

それから、わたしたちが極楽浄土に往くにはどうすればよいでしょうか？

もちろん、さまざまに修行をして、その功徳《くどく》でもって極楽浄土に往く方法もあります。しかし、われわれ凡夫《ぼんぷ》にはそれは無理です。そこで、「南無阿弥陀仏《なむあみだぶつ》」とお念仏を称えて、阿弥陀仏のお力よってお浄土に往生させてもらう。それを「他力《たりき》」と呼びますが、われわれにはその方法しかできません。それが浄土宗の開祖である法然《ほうねん》（一一三三―一二一二）の教えた方法です。

では、なぜ「南無阿弥陀仏」と称えると、阿弥陀仏に救ってもらえるのか？　それは、阿弥陀仏自身が、「南無阿弥陀仏」を称えた者をわたしの浄土である極楽世界に往生させてやる――と約束しておられるからだ。そう法然は言っています。だからわたしたちは、「南無阿弥陀仏」のお念仏を称えると、極楽浄土に往くことができるのです。

なお、〝南無阿弥陀仏〟とは、「阿弥陀仏にすべてをおまかせします」といった信仰表明だと思ってください。

＊

さて、わたしたちが極楽浄土に往生すれば、そのあとはどうなるのでしょうか……？

これにはいろんな教理・教学がありますが、まあ簡単にいえば、われわれはみんな阿弥陀仏の弟子になるのだと答えればよいでしょう。おもしろいことに、お浄土に生まれるときは全員が男性になると経典に説かれています。全員が男性になるということは、女性がいないのです。ということは、お浄土は性を超越した世界です。そこから類推すれば、わたしは、お浄土においては年齢も超越していると思います。

余談になりますが、わたしは父の五十回忌のとき、母に言いました。父が死んだのはわたしの十歳のとき。母は三十歳でした。五十回忌だから、母は八十歳になっています。

「お母ちゃんは、もうすぐお浄土に往くやろ。そんでお浄土でお父ちゃんに会うたら、お父ちゃんに、

『わしはこんなお婆さんは知らんわ……』

と言われるで……」

わたしは母にそう言ってやりました。だって、三十歳で別れた妻が八十の老婆になってやって来るのですから。

同居している妹に聞くと、母はその晩、かつて父に見せた見合写真を出してきて、

「わてが死んだら、これを棺桶の中に入れといてな」

と頼んだそうです。母にはなかなかいいところがあります。

しかし、わたしは、これは母をからかったのです。あとで母に釈明しましたが、お浄土には性別も年齢もありません。あらゆる属性を超越しています。だから母はお浄土で父と再会するとき、八十歳の老婆ではありません。

別段心配しなくていいのです。

母が八十歳のとき、わたしは母に「お母ちゃんはもうすぐお浄土に往く」と言いました。だが、母が実際にお浄土に往ったのは、それから十六年後の九十六歳のときでした。

＊

余談のついでに、もう一つ、お浄土に関してわたしが母に教えたことを書いておきます。

あるとき、わたしは母に尋ねました。

「お母ちゃん、お浄土へのお土産、ちゃんと用意してるか？」

「えっ?!　お浄土に往くのに、お土産が要るんか……?!」

「あたりまえやろ。遠い世界に往くのに、お土産を持って往くのは当然や」

「そやけど、どんなお土産を持って往ったらええんや？」

もちろん、お金ではありません。物質的なものは、いっさいお浄土に持って往けません。じつは、お浄土へお土産になるのは、

――美しい思い出――

です。わたしたちがこの世で体験したさまざまな思い出がお浄土へのお土産になります。わたしは母にそう教えました。

だが、「美しい思い出」といっても、いわゆる美談ではないし、また自慢話ではありません。逆なんです。わたしたちがこの世で体験した苦労こそ、お浄土へのお土産になるのです。

なぜなら、極楽世界はその名の通り、「極《きわ》めて楽しみの多い世界」です。楽しいものに満ち溢《あふ》れています。そんなものを持って往っても、お土産にはなりません。

わたしたちは極楽世界にないものをお土産にすべきです。

それは何か？　それは、わたしたちがこの世で体験した苦労話です。わたしたちがこの世で流した涙がすばらしいお土産です。

「お母ちゃん、安心しいや……。お母ちゃんはいっぱいお土産を持ってるからな。

お母ちゃんは苦労したやろ。あの敗戦後の混乱期に、お父ちゃんはシベリアに抑留されて病死した。それやのに女の細腕で、ぼくら四人の子どもを育ててくれた。それにお姑さんまで養った。そういう苦労話が、きっとお父ちゃんも喜んで聞いてくれる。それが立派なお土産や。そやから、安心してお浄土に往くんやで……」

わたしは母にそう語り聞かせました。

母はわたしに、「ありがとう」と言ってくれました。

母の死の一年ほど前のことでした。

6　心の中のお浄土

母はお浄土で、父と再会したでしょう。

と同時に、母はお姑さん、つまりわたしの祖母とも再会したはずです。生前、母と姑は、それほど激しく対立したわけではありません。しかし、それなりにちょっとした反目はありました。わたしは、母が祖母にいじめられて泣いているのを見たこともあります。また、父がいないもので、長男であるわたしが母と祖母との板挟みになって、苦しんだこともあります。

しかし、わたしは安心しています。きっと母はお姑さんであった人と仲良くやっているに違いありません。

なぜなら、お浄土には男性／女性の別はありません。年齢も超越しています。それ故、嫁と姑といった関係性（縁）はないのです。そういう縁があったのは、この世に生きていたあいだだけのことです。

そして、極楽世界に往き生まれた者は、全員が阿弥陀仏のもとで仏教を学んでいます。阿弥陀仏の弟子になっているのです。

みんな仏弟子なんだから、互いに相手の気持ちが分かり合えるのです。

「あのときは、あなたをいじめて、ごめんね」

「いいえ、わたしこそ、お義母《かあ》さんに逆らったりして……。謝らねばならないのは、わたしのほうです」

「娑婆《しゃば》の世界では、人間はみんな寂しいんだよね。息子のいない寂しさに、〈息子さえいてくれれば、わたしの気持を分かってくれるであろう……〉と考えて、ついついあなたに八つ当たりしてしまった。でも、息子がいたって、きっと息子とのあいだでも諍いがあったんだよね。それが娑婆世界の人間には分からない。だから家族のあいだで唖み合いがあるんだね。お浄土に来てようやくそれが分かった。過去のことは赦《ゆる》してね……」

「いいえ、赦すも赦さないも、わたしだって夫のいない寂しさに、〈夫さえいてくれれば、こんなに苦労しないですむのに……〉と考えて、お義母さんのやることに腹を立てたこともあります。娑婆世界では、家族がみんな本当に打ち解けることができないのですね。みんな寂しさに耐えて生きるよりほかないのです。わたしもお浄土に来て、ようやくそれが分かりました。娑婆世界においては、ごめんなさい」

祖母と母は、そのような会話をしているだろうと思います。いや、わたしはそう信じています。

そして、漱石の小説の『行人』の一郎だって、お浄土において互いに打ち解けて話し合っているでしょう。一郎は娑婆世界においては、一郎のほうから妻に近づくことができませんでした。

〈おまえのほうから俺に近づいて来い！　それがおまえの義務だ〉

一郎はそういう娑婆世界の軌範《きはん》に縛られています。だからヤマアラシのジレンマに悩み、寂しくってならなかったのです。けれども、お浄土にはそんな軌範はありません。彼は自由にかつての妻と語り合い、打ち解けることができるのです。

それが極楽世界なんです。

だから、馬鹿ですねえ。「わたしはお姑さんのいるお浄土なんかに往きたくない。わたしは地獄に行きたい」と言った、あの女性は……。

お浄土において、お姑さんとしみじみと打ち解けて話し合える、せっかくのチャンスを、彼女はみずから放棄したのです。

そして、彼女が選んだ地獄は、まさに孤独地獄です。孤独地獄というのは、本質的に娑婆世界と同じものです。わたしたちはこの娑婆世界において、みんな寂しさを我慢して生きねばならない。夏目漱石は『こころ』の中で、主人公に次のような言葉を語らせています。

「私は今より一層淋《さび》しい未来の私を我慢する代りに、淋しい今の私を我慢したいのです。自由と独立と己《おの》れとに充ちた現代に生れた我々は、其犠牲《ぎせい》としてみんな此淋《さび》しみを味《あぢ》はわなくてはならないでせう」

現代人は自由と独立と己れを獲得しました。ということは個我意識を確立したのです。そしてその代償にヤマアラシのジレンマ、つまり孤独の寂しさを味わねばならなくなった。寂しさを我慢して生きねばならない。漱石はそう言っているのです。

だとすれば、この娑婆世界こそ、孤独地獄ではありませんか。

馬鹿ですよ、あの女性は。彼女は、孤独地獄のあとに、また孤独地獄に行きたいと言うのですから。

*

だが、おまえの言う極楽世界なんて、この宇宙空間のどこにも存在していないのではないか⁈　お浄土だなんて、御伽話《おとぎ》にきまっている。読者からそう捩《ね》じ込まれそうですね。

たしかにお浄土は、物理空間の上に現実的に存在しているわけではありません。それは一種のバーチャル・リアリティー（仮想現実）かもしれません。しかし、わたしは、お浄土の実在について論じているのではありません。仏教講演会においてわたしに質問した女性が、

「わたしはお浄土に往きたくない。地獄に行きたい」

と発言されたことに応えているのです。なるほどお浄土は実在しないかもしれません。しかし、それなら、彼女が行きたいと言った地獄だって、実在していません。したがって、わたしたちは、死後の世界である極楽も地獄も、ともに、

――心の中にある世界――

と考えることにしましょう。それはバーチャルな世界なんです。そうであれば、わたしたちは心の中に美しいお浄土を持っていたほうがよいでしょう。あの女性のように、心の中に地獄を持って生きているのは、とても悲しいことです。わたしの母のように、

「お浄土で夫に再会したら、『わたし、これですねん』とお見合い写真を見せるねん」

と、心の中にお浄土を持って生きるほうが、美しい生き方だと思います。

だいぶ昔、『人は死ねばゴミになる』という本を書いた人がいました。あえて名前は伏せますが、その人は、心の中にゴミを持って生きていたのです。汚い生き方です。わたしはその人を軽蔑します。

ポリネシアの原住民たちは、死ぬ前に、それぞれ自分の好きな星を指さして、

「自分が死んだらあの星に住む」

と言いつつ息を引き取るそうです。星の研究家であった野尻抱影《のじりほうえい》（一八八五―一九七七）が書いています（『星三百六十五夜（上）』中公文庫）。すばらしい死に方です。いや、すばらしい生き方です。わたし自身は、

「わたしが死んだら、あの極楽浄土に往く」

と言いつつ息を引き取りたいですね。いや、そう思いつつ、この孤独の娑婆世界で生きたいですね。

＊

この娑婆世界において、わたしたちは孤独に生きねばなりません。こちらが善意でしたことが、ついつい相手を傷つけることがあります。何気なくしたことが、相手を怒らせることもあります。そんなとき、自分の気持ちを話して釈明しようとするのですが、その釈明の言葉が逆に相手の腹立ちをあおってしまう。そういうことだってしょっちゅうあります。

わたしも、過去の出来事を反省して、相手に弁解し、謝罪をしようとするのですが、それが裏目に出て、かえって過去を蒸し返すことになります。そんなとき、〈しまった！〉と思うのですが、あとの後悔、先に立たずです。

だが、最近は、そうですね、十回に一回くらいでしょうか、相手に誤解されて釈明したくなったとき、

〈ああ、これは、いま謝罪しなくていいんだ。いま弁解すれば、それが引き金になって、かえって反目が深まる。この人とは、いずれお浄土においてしっかりとお詫びをしよう〉

と思うようになりました。わたしもすでに八十歳です。もうすぐお浄土に往きます。そのお浄土において、この世で縁のあった人と再会します。その再会のときにしんみりと話し合うつもりです。

そうなんです。わたしは大勢の人々に迷惑をかけました。お詫びを申し上げねばならない人がたくさんいます。でも、この世においては、真のお詫びはできません。謝罪をしているようで、自己弁護になることが多いのです。だから、わたしはお詫びをお浄土へと延期したいと思うのです。

お浄土とは、そういう土地です。この世の後始末をする土地だといってよいでしょう。わたしはそのように考えています。

II　世間の孤独

7　江戸っ子と浪速っ子

俳聖《はいせい》と呼ばれる松尾芭蕉《まつおばしょう》（一六四四―九四）の句に、

秋深き隣は何をする人ぞ

があります。これを現代っ子に解釈させると、深まる秋の中で、お隣さんの職業は何だろうかと、ふと疑問に思った、となります。

そりゃあね、現代であれば、マンション生活において、お隣さんの職業を知らないこともあります。いや、そのほうが多いかもしれません。でも、芭蕉は江戸時代の人間ですよ。江戸時代にあって、人々は隣家の人間の職業を知らないなんてことはありません。

では、この句はどういう意味でしょうか？

晩秋において、人々はそこはかとない寂寥《せきりょう》を感じます。そして隣人と一献《いっこん》をかたむけたい心境になります。そういう心境を詠《よ》んだ句なんです、これは。

そこで問題があります。

八っつあんは隣家の熊さんと一杯やりたくなりました。しみじみと語りながら、酒を呑《の》みたくなった。そこで八っつあんは一升瓶を下げて隣家に行くでしょうか？

たぶん江戸っ子であれば、訪ねて行きません。八っつあんは自分一人で寂しく酒を呑みます。

なぜかといえば、八っつあんに訪ねて来られて、熊さんはやるべき仕事があって迷惑かもしれません。反対に熊さんも一杯やりたく思っていたところで、

「いやあ、よく来てくれた」

と喜んで、肝胆相照《かんたんあいて》らしつつ杯を重ねることができるかもしれません。この場合でも、次に熊さんが八っつあんと一緒に酒を酌《く》み交わしたくなり、熊さんが八っつあんの家に一升瓶をぶら下げて来たらどうなりますか？　あいにく八っつあんのほうに大事な仕事があって、八っつあんは断りたい気持ちです。だが、前には自分のほうから訪ねて行ったのだから、向こうに来られて断るのはわがまま勝手だと言われかねません。そこで渋々

付き合わねばならない。すると、その次には熊さんが渋々付き合うことになります。江戸っ子は、そうなることを懼《おそ》れて、最初の最初に八っつあんは熊さんを訪ねていかないのです。

わたしは大阪に生れて大阪に育ち、十八歳で東京に出て来ました。それ以後、六十年以上を東京で生活していますが、自分では浪速《なにわ》っ子を自任しています。その浪速っ子からすれば、江戸っ子の人間関係はいささか水臭いですね。

もっとも、江戸っ子／浪速っ子といっても、その生き方に差が見られるのは、まずは昭和の時代までです。一九五〇年以後の日本は人間の移動が激しくなり、ローカル・カラー（地方色）がだんだんになくなり、一九九〇年代の以後の平成の時代になると日本は均一的な国になったようです。ですから、わたしは江戸っ子と浪速っ子、東京の文化と大阪の文化、東と西の文化を対比的に論じていますが、これはあくまで昔の話だと思ってください。それと同時に、東京人・大阪人といっても、個人によって大きな差があります。だからここでは、あくまでもそういう傾向があるということだと思ってくださ い。東京人でありながら浪速っ子のように振る舞い、大阪人でありながら江戸っ子のように振る舞う人間がいることを忘れないでください。

さて、東京人は、物寂《ものさび》しくなって隣人と一緒に呑みたくなっても、わざわざ隣人を訪ねることはしません。それは、次に隣人に訪ねて来られても迷惑だからです。その明日の迷惑を避けるために、今日の寂しさを我慢します。それが昔の東京人です。

ところが、昔の大阪人は、隣家の友人と一献をかたむけたくなったら、さっさと訪ねて行きます。

「おい、一杯やろうや……」

「ああ、いいよ」

となるのです。

そして次に、今度は向こうからやって来ます。

「おい、呑もうや……」

「いや、わいは今日は忙しいんや。一杯やってる暇なんかあらへん。帰ってや」

「ああ、そうか。ほんなら帰るわ。ほんなら、茂でも誘ってみるわ」

となります。誘いを断わるほうもあっさりと断わります。断わられたほうも、別段腹を立てません。それぞれの都合があることをよく理解しているからです。

だが、東京人は、こうはなりません。一度、自分が誘っておいて、今度は相手から誘われたら、その誘いをなかなか断われないのが東京人です。だから、ついつい自分のほうから誘わなくなります。そういう人間関係は、悪く言えば水臭いし、いい意味ではドライと評することができます。

これが昔の東京人と大阪人の差でした。

ところが、現代人はどうでしょうか……?

現代人は、昔の大阪人のように、相手の感情（わたしが断わったら、相手はわたしを自分勝手な奴だと思うだろう……）を考慮することなく、自分の都合だけを主張するような強靭性《きょうじん》（ひょっとしたら図々しさ）を発揮できません。相手が何と思おうと、俺は俺と考えることができないのです。これは、みんながみんな自分の都合だけを主張するようになれば、平気でできることなんです。したがって、欧米人もインド人も、そして中国人も、だいたいにおいて自分の都合だけを主張します。この自分の都合に対して、相手が相手の都合をぶつけてくれれば、そこに交渉があり、妥協があるのですが、それを現代日本人はできないのです。自分の都合を主張する前に、〈相手はこう思うかもしれない……〉と考えてしまうのです。だから中途半端になってしまいます。

また、現代日本人は、昔の東京人のように、寂しさを我慢することができません。自分のほうから誘ったのであれば、次に相手のほうから誘ってくれれば、自分はその誘いに応ずる義務がある。しかし、その義務に縛られるのはいやだ。それ故、相手から誘われないようにするために、たとえ相手から誘われてもそれを平気で断われるようにするために、自分のほうからは相手を誘わない。現代日本人は、相手を誘わず、自分は孤独を我慢する——。それが昔の東京人でした。だが、現代日本人は、その孤独を我慢できないのです。

見てください。現代の日本人は、ケータイやメールでもって常に他人とつながっていないと不安でならないのです。そしてメールが送られてくると、すぐにそれにレスポンス（応答）しないといけないという義務感に縛られています。そういう義務感に縛られないために、昔の江戸っ子はみずから孤独を求めたのですが、現代日本人にはそういう強烈なる主体性はありません。かといって、メールが送られてきても、自分の都合だけでそれに返事をしないという、昔の大阪人のような自分勝手もない。みんながみんなメールに戦々兢々《きょうきょう》としています。

馬鹿ですねえ。そう言うよりほかありません。

＊

昔の東京人と大阪人の違いを、もう少し見ておきます。

――隣の三尺――

と言った言葉を、昔の江戸っ子は言っていました。自分の家の前の道路を、それぞれの家が掃除をし、打ち水をします。その際、隣の家の前の道路は、三尺（約一メートル）ばかり掃いておきます。そういう慣わしになっていました。

夏休みになって、小学生がその掃除を担当しました。彼女は自分の家の前ばかりか、隣の家の前を全部掃除しました。きっと祖母はわたしを褒めてくれると思って、彼女は祖母に報告します。だが、祖母は顔を曇らせます。

「おばあちゃん、わたしは何か悪いことをしたの？」

「そうだね、あしたになれば分かるよ」

祖母はそう言います。

その翌日、小学生が掃除をしようと外に出て見ると、彼女の家の前の道路はすでに掃除が完了していました。隣家の人が掃除をしたのです。

お分かりになりますか？　隣の人が自分の家の前を掃除してくれました。すると隣家の人はお返しをせねばなりません。そのためには、お隣さんより先に起きてやらねばならないのです。朝の忙しい時間に、炊事よりも先に掃除をせねばならない。隣家にとって、それは迷惑です。放っておいてくれれば、隣の三尺だけにしておいてくれれば、隣家は自由な時間に掃除ができます。それが「隣の三尺」の慣習です。

ともあれ東京人は、隣は隣、うちはうちと割り切って生活していました。ある意味では水臭いかもしれませんが、それが生活の知恵です。

だが、大阪は違います。昔の大阪人は、隣の小学生が我が家の前まで掃除してくれても、別段お返しを考えません。小学生は善意でもってそれをやってくれたのですから、

「おおきに、おおきに」

とお礼を言っておけばよいのです。まあ、たまにはその小学生に飴玉の一つでもあげるかもしれませんが、それだけのことです。

おもしろい文化の違いですね。

＊

禅籍『碧巌録《へきがんろく》』（第二十六則）には、こんな公案《こうあん》があります。

僧、百丈に問う。如何《いか》なるかこれ奇特《きとく》の事《じ》。丈云く、独坐大雄峰《どくざだいゆうほう》。僧礼拝す。丈、便《すなわ》ち打つ。

〝百丈〟は百丈懐海《ひゃくじょうえかい》（七四九―八一四）で、中国、唐代の禅僧です。百丈に弟子が問いました。

「いったい、何が奇特なことですか？」

〝奇特〟というのは、「すぐれている」「すばらしい」「ありがたい」といった意味です。

それに対する百丈の答えが、

「独坐大雄峰」

でした。〝大雄峰〟は、江西省南昌府にある山。別名を〝百丈山〟ともいいますが、じつは百丈懐海がこの山に住んでいたので、その名がつけられました。したがって「独坐大雄峰」とは、「わしゃ、ここにこうして独りどっかと坐《すわ》っておるぞ」といった意味で、それこそがすばらしいことなんです。

お分かりになりますね。百丈和尚がそこに独りどっかと坐っている。そのとき、彼は自由なんです。なぜなら、彼を拘束する世間はそこにはありません。百丈和尚だけの自由の天地なんです。

その考えを聞いて、僧は礼拝しました。自由の人に対する帰依《きえ》を表明したわけです。ところが、百丈は、手にしていた竹篦《しっぺい》（竹製の杖）でもって弟子をピシャリと打ちます。「丈、便ち打つ」です。

なぜ、百丈は弟子を打ったか？

だって、百丈にとって、弟子の礼拝は迷惑至極《しごく》です。せっかく世間から離れて自由を楽しんでいるのに、のこのこ弟子が現われて自分を礼拝する。礼拝されるということは、そこに世間があるわけです。世間が出てくると、もはや「独坐大雄峰」でなくなってしまうからです。だから百丈は、弟子を打ったのです。

そうなんです、百丈は他人や世間を気にするなと教えています。それは昔の大阪人のように、相手の思惑を気にせず、自分の都合を優先させて生きることです。あるいは昔の東京人のように、相手にべたべたすることなく、むしろ積極的に孤独に生きることです。ケータイやメールに振り回わされている現代日本人に、この「独坐大雄峰」の精神こそいちばん必要とされているものではないでしょうか。

8　お互いさま意識

二〇一二年に母が死んで、葬儀のためわたしは大阪に行きました。前にも話したように、十八歳でわたしは東京に来て、それ以後六十年間を東京に住んでいます。もうすっかり東京の文化・習俗に馴れてしまっていました。だから、大阪文化の葬儀にびっくりした次第です。

まず、喪主は長男であるわたしです。

ところが、大阪では、喪主のほかに葬儀委員長がいるのです。葬儀委員長といっても、こちらからお願いした人ではなく、向こうのほうから「わたしが葬儀委員長です」と言って来るのです。商店会の会長で、寿司屋のおやじさんでした。自動的に決っているのです。

葬儀社との打合せで、わたしはどこで会葬御礼の挨拶をするのかと尋ねると、

「えっ?!　喪主が挨拶されるのですか?!　挨拶は葬儀委員長がすることになっています」

と言われるありさま。すっかり面喰《めんくら》ってしまいました。

東京だと、古老に聞くと、たとえば近所の人に道で出会って、

「おい、昨晩、辰さんが亡くなったよ」

「あっ、そう」

でおしまいになるそうです。別段、近所の人であっても、辰さんの葬儀に顔を出すわけではありません。葬儀は親族が営むものです。血縁者でない他人が参列することはない。それが不文律的に決まっていました。

なぜなら、もしもわたしがご近所の葬儀に顔を出せば、今度はわが家に不幸があったとき、そのご近所の人が顔を出さねばなりません。それは面倒なことです。だから、いくらご近所であっても、他家のセレモニーには関与しない慣習なのです。これは「隣の三尺」の精神です。

それに対して大阪では、葬儀は地域共同体の仕事なんです。喪主をはじめとする家族は何もしないでいい。隣近所の人がすべてをやってくれます。そういう慣例になってい

ます。

だが、わたしは、東京の文化と大阪の文化を対比的に論じていますが、これはまちがっているかもしれません。東京の文化といっても、わたしが知っているのはごく最近の文化です。いわゆる江戸っ子と呼ばれる古老に昔のことを聞くこともありますが、それは昔の話で、現在はすっかり事情が違います。早い話が、最近では東京においても、近隣の葬儀に参列することが多くなりました。会社関係の人は、取引先のお偉いさんの葬儀に顔を出さないと、以後の取引に影響するありさま。それ故、取引先の社長の葬儀よりも、社長の奥さんの葬儀のほうが会葬者が多いと言われています。死んだ社長は出欠をとりませんが、社長の奥さんの葬儀の出欠は社長がとりますから、欠席するわけにはいかないからです。

＊

まあ、ともあれ、東京と大阪といった地域による文化・習俗の違いよりも、昔と今という時代による違いのほうが大きいでしょう。それで以下では、時代の推移による世の中の変りようを見ることにします。

まず、昔と今とで大きく違っているのは、仲間意識の衰頽《すいたい》です。

いや、ちょっと待ってくださいよ。わたしは昔と今の世の中の変化を論じるつもりですが、わたしが知っている昔は基本的には大阪の文化であって、今の文化は主として東京を中心とするものです。だから、どうしても論述が大阪と東京を対比していることになりますが、その点は容赦してください。その点をあらかじめお断りしておきます。

さて、昔の大阪には、強い仲間意識がありました。

わたしは大阪の下町の商店街で育ったのですが、たとえば店先にお店の人がいないとき、客は、

「ごめーん」

と大声でお店の人を呼びます。するとお店の人が、炊事《すいじ》をしていたのでしょう、手を拭《ふ》きながら出て来ます。そして客が帰るとき、

「おばちゃん、忙しかったのにごめんね。ありがとう」

と言うのです。もちろん、お店の人も、

「待たせてすみませんね。おおきに」

とお礼を言いますよ。でも、客のほうからもお礼を言う。それが昔の日本人のやり方

でした。

現在であれば、商店側の人間は顧客の来店に備えていつも店頭にいるべきだ。そもそも店頭にいないのが商店側の怠慢だ、となるでしょう。まったく時代が変わってしまいました。

では、昔の人が持っていた仲間意識とは何でしょうか？　わたしは、それは、

――お互いさま意識――

だと思います。立場が相互に入れ替わるからです。

たとえば、八百屋さんが薬屋さんで買物をすれば、八百屋さんはお客です。しかし、その薬屋さんが靴屋さんに行けば、薬屋さんがお客になります。そして靴屋さんが八百屋さんで買物をすれば、靴屋さんがお客です。そのように立場が入れ替わるから、あまりあこぎなことはできないのです。お客の立場ばかりを強引に主張すれば、「次はわが身」ということで、自分が困るはめになるのです。

わたしはヨルダンを旅行したとき、妻と二人でタクシーに乗りました。ところが運転手は、わたしに「助手席に乗れ」と指示します。妻は客席に坐ります。

「なぜわたしが助手席に坐らねばならないのか？」

と英語で訪ねても、ヨルダンの運転手とわたしの英語力はそれほど高くないので、その理由は分かりません。まあともかく、助手席に坐りました。

あとで現地に駐在している日本の商社の人から教わりました。

「それは友だち意識ですよ。二人とも客席に坐わると、運転手はまるで召使いになります。だから、ヨルダン人は、一人が助手席に坐わって、友だちの車に乗せてもらっている——といった意識を持ちたいのですよ」

「友だち意識」「お互いさま意識」「仲間意識」……と名づけようが、わたしはそのような考え方が好きです。

ところが、わたしがこの話をすると、日本人のうちには、

「だって、ヨルダンの運転手は金を取るんでしょう。金を取っておきながら、〝友だち〟だなんて、厚かましいにも程がある……」

と言う人がわりと多くいます。昨今の日本人は、まったく拝金教徒になってしまいました。現代の日本人は、お金を払う人が偉いと思っています。例の、

「お客様は神様です」

のスローガンです。お店の人は客に、まるで殿様にでも仕えるかのような態度で接し

なければならない。もっとも、それは上辺だけのことで、大企業は顧客を馬鹿にしています。だから産地の偽装や賞味期限のごまかしなどを平気でやります。お互いさま意識がないからそうなるのです。仲間意識があれば、お客さんを騙《だま》そうなんてしませんよ。だって、「明日はわが身」なんですから。

わたしは一九七六年に中国に旅行しました。社会主義、華やかなりしころの中国です。人民百貨店で、お土産に墨を買おうとしたのです。ところが、売り子、と呼んだら当時の中国では叱られました。服務員《フーウーユエン》と呼べというのです。女性の服務員が三人でお喋《しゃべ》りをしていて、こちらがいくら呼んでも来てくれません。それで通訳の中国人に、

「彼女たちは、いくら呼んでもやって来ない。あの服務態度はよくない。ひとつ、あなたから叱ってほしい」

と言った。するとその通訳は、逆にわたしを叱りました。

「あなたの、その資本家的考え方を改めなさい。彼女たちは労働者ですよ。労働者がお喋りをして、なぜいけないのですか?! あなたは自己批判すべきです」

そのときは、わたしは、中国人通訳の言うことをいささか〈おかしい〉と思いました。だが、その後、日本の労働者が卑屈な態度を強いられていることのほうを〈おかしい〉

と思うようになりました。たとえば、新幹線の中で、車掌も販売員も、いちいち車両の入口でお辞儀をします。マニュアルがそうなっているのでしょう。けれども、乗客は神様ではありません。乗客は〈乗ってやっている〉のと同時に、〈載せていただいている〉のです。新幹線（ばかりではありませんが）に乗せてもらわないと、乗客のほうだって困るのです。そのようなお互いさま意識を持つべきです。わたしはそう思いますが、違いますか……。

9　縄文文化と弥生文化

なぜ昨今の日本人は、仲間意識を喪失したのでしょうか？

その主たる原因は、日本的な資本主義の論理の横行にあると思われます。資本の論理、平たく言えば資本の都合によって、労働者は仲間の労働者と競争させられます。そうするとどうしても労働者同士が対立するようになります。そうして仲間意識を失ってしまうのです。

けれども、そのように資本主義が日本人を毒する前に、もともと日本人は競争意識、ライバル意識を持っていたのかもしれません。どうもそれが日本人の民族性ではないか。わたしにはそう思えてならないのです。

というのは、牧畜民族と農耕民族を較《くら》べると、牧畜民族のほうが強い仲間意識を持っているようです。

牧畜民族は、集団と集団ができるだけ離れて住みます。接近していると、牧草の確保ができないからです。

そうすると、集団の内部では結束が強まります。結束していないと、敵に襲われたとき防禦《ぼうぎょ》ができないからです。

それ故、集団を支配する指導者はたった一人です。つまり独裁制になります。複数のリーダーがいると、集団が分裂するからです。分裂して集団が小さくなると、敵の攻撃を受けやすくなるからです。

したがって、牧畜民族のあいだでは、そもそも民主主義は成り立ちません。アメリカは中東諸国の独裁制を非難しますが、アラブの諸国で民主主義を採用することは、そもそもがむずかしいのです。それにアメリカ自身が大統領に強い権限を持たせた、相当に独裁的な国家であるのです。アメリカ大統領の有する権限は、そんじょそこらの独裁国家の比ではありません。

それはともかくとして、牧畜民族のあいだでの集団の団結力は強く、構成員は孤独に悩むことはありません。強い仲間意識に支えられて、みんなで仲良く暮らしています。

それに対して農耕民族のあいだでは、仲間意識が稀薄《きはく》になり、競争意識、ライバル意識が濃厚になります。

なぜなら、農耕には水資源が必要ですが、その水を得るためには人々は河川のほとりに接近して住まねばならないからです。

そうすると、他人のことがやけに気になります。たとえば、日本には〝我田引水《がでんいんすい》〟といった言葉があります。夜のあいだにこっそりと行って、我が田へ多く水が流れるように水路を変えるのです。それをやられると隣の人が困りますから、隣はまたこっそりと我が田に水が流れるように仕返しをします。また、そんな報復合戦が起きないように、村落全体で強烈な監視体制を布くこともあります。

あるいは〝隣そねみ〟といった言葉もあります。隣が自分よりもまさっているのをうらみ、憎むようになることを言ったものです。その結果、

――隣の貧乏は鴨《かも》の味――

といった諺《ことわざ》が出来ました。わたしたちは隣人の不幸に、

「ご愁傷《しゅうしょう》さま」

と言いますが、内心では〈しめしめ〉と思っているのです。その意味では、そこには真の仲間意識はありません。農耕民族はライバル意識でもって生きています。

小学生が算数のテストで八十点をとりました。するとお母さんが訊《き》きます。

「隣のヨシコちゃんは何点だった？」

「九十五点だったよ」

「あなた、もっとがんばらないとダメじゃない」

そう言われて、ヒロコちゃんが言います。

「でも、お母さん、ヒデヒコくんは六十点だったよ」

「そんな、他人《ひと》のことはどうでもよろしい」

これが農耕民族のライバル意識です。

だが、それなら隣人と遠く離れて住めばよいではないか。そんなふうになりそうですが、それはできません。何かの折に隣近所の助けを必要とします。

――村八分――

といった言葉がありますが、村落の秩序を乱した者やその家族に対して制裁（絶交）を科しますが、それでも葬式と火事だけは手伝うことになっていました。完全な絶交の不可能なことは、これでもって分かります。

それにだいいち、隣近所の人から遠く離れると、水が得られません。農耕民にとっては、それでは生きていけないのです。

だから、ライバル意識の故にあまり近づくことはできず、かといって遠く離れることもできない。農耕民族は、まさに「ヤマアラシのジレンマ」に悩んでいます。そういう気の毒な民族なんです、日本人は。

＊

昔、放送作家の永六輔《えいろくすけ》さんが、「寅《とら》さん」映画を評して、

「あんなのは江戸っ子の生き方じゃない」

と言われたのが、妙に印象に残っています。寅さんとはフーテンの寅さんで、日本映画「男はつらいよ」の主人公の車《くるま》寅次郎です。扮する俳優は渥美清《あつみきよし》（一九二八—九六）。あの映画の舞台は東京の葛飾柴又《かつしかしばまた》で、隣近所の人が勝手にわが家にやって来て、まるで自分の家であるかのように振舞う、そんな人情劇になっています。永さんは、それを江戸っ子の生き方じゃない。江戸っ子は、隣近所に対してあんなにべたべたした関係は結ばない。互いに干渉しないで生きるのが江戸っ子だ。そう言われるのです。

じつはわたしは、「寅さん映画」を見て、古き良き時代の浪速っ子の生き方をそこに

重ね合わせました。あれは、むしろ浪速っ子の生き方です。その意味では、永さんが言われるのは正鵠《せいこく》を射ています。

古き良き時代の浪速っ子の近隣関係は、まさに他人の家に土足で上がるような面があります。家に砂糖がなくなると、

「おばちゃん、お砂糖、貸してえな」

と、隣家に借りに行きます。そして、借りた分を返却するようなことはしません。それは水臭いことです。「あんたのものは、わしのもの。わしのものは、あんたのもの」といった感覚です。もっとも、そういう風習のほとんどは、すっかり影を潜《ひそ》めてしまったようですが……。

けれども、前にも言いましたが、これを、江戸っ子・対・浪速っ子の文化の違いと捉えるのはよくないと思います。東京人のうちにも、べとべととした人間関係を懐かしむ人も多いと思いますし、大阪人のうちにも、もっとドライな人間関係を心掛ける人もいるでしょう。ほとんどは個々人の性格の差だと思われます。

というより、じつは日本人の血の内部には、二つの文化が流れているのではないでしょうか。わたしはその二つを、

と名づけたいと思っています。つまり日本人には、縄文人と弥生人の血が混じって流れているのです。

――縄文文化と弥生文化――

縄文文化は採集・漁労・狩猟の採取経済を基盤にしたものです。したがって、この縄文型の近隣関係は、どちらかといえば牧畜民族のそれに近いものでした。仲間意識が強く、しっかりと団結しています。猟《かり》をする場合、誰かリーダー（指揮者）をたてることもしますが、そのリーダーは支配者ではありません。役割の上での統率者なんです。

そして猟で得た獲物は、グループの全員で公平に分けました。猟に参加しない老人や女性、子どもにも分けています。むしろ老人に対して、獲物のいちばんいい部分を与えた形迹《けいせき》があると、文化人類学者は言っています。ともあれ階級の差別はなかったのです。

この階級の差別が発生するのは、弥生時代になってからです。

弥生時代になって農耕が始まります。弥生文化の基盤は農耕経済です。そこでは富の蓄積が行なわれ、そうすると必然的に貧富の差が生じます。そしてライバル意識が出てきます。

また、歴史家によると、弥生時代になって、互いに他の部族を攻撃する戦争が行なわれるようになったそうです。

わたしたちは、農業といえば自然に親しむものと思っていますが、実際には自然を改変するもので、自然に対する侵襲性の高いものです。野菜や果物に旬《しゅん》がなくなったと、年寄りが慨嘆《がいたん》的に語りますが（苺《いちご》や西瓜《すいか》が冬に食べられます）、自然の状態だと一定の季節にしか得られないものを、いつでも手に入れられるようにしようとするのが農業であって、それを慨嘆するのはおかしいのです。だから、農業は反自然の営みなんです。

それから、農業を牧歌《ぼっか》的・平和的に見るのもおかしいので、日本の歴史では農業が始まって同時に戦争が始まっています。もちろん、縄文時代にも喧嘩はありました。しかし、組織的な戦闘行為が行なわれるようになったのは、農業が始まってからです。そして、弥生時代になってから、人々のあいだにライバル意識が芽生えたことを、われわれは忘れてはなりません。

まあ、ともかく、日本文化の基底には、

縄文文化の……仲間意識

弥生文化の……ライバル意識

の二つの底流が流れていると思います。そして、このライバル意識による孤独が、われわれが問題にしなければならない論点だと思います。次にそれを考えてみましょう。

10 「兎と亀」の競争

昔、インド人と「兎と亀」の寓話について話し合いました。例の、兎と亀が競争をして、兎が途中で昼寝をし、その結果、兎は亀に負けた、といった話です。

「ところで、じゃあ兎はどうすればよかったのか？」

わたしは数人のインド人を前にして、そう問いを出しました。

じつはわたしは昔、二人のわが子にこの問題を出したことがあります。子どもがまだ小学校の低学年のころでした。

「兎は昼寝しなければよかった」と姉のほう。

「兎と亀は競争なんかしないほうがよかった」と弟のほうが答えました。

そこでわたしは、インド人であれば、おそらく息子のほうの答えを答えるのであろうと予想していました。

ところが、インド人の答えは、思いもよらないものでした。

「おまえは、『兎はどうすればよかったか?』と訊くが、それはおかしい。だって悪いのは亀のほうなんだから、『亀はどうすればよかったか?』と訊くべきである」

「えっ?! どうして亀が悪いのか? 亀は一生懸命努力して走ったのだ。亀が悪いはずがない」

「だって亀は、兎が昼寝をしている横を走って行ったのだろう。どうしてそのとき、亀は、

『もしもし兎さん、目を醒ましたほうがいいですよ』

と、兎を起こしてやらなかったのだ。自分が勝つことばかり考えている。そんな亀は悪い! それがおまえに分からないのか?!」

これにはまったくびっくりしました。たしかにインド人の指摘通りです。でも、負けず嫌いのわたしは、いちおう反論しました。

「しかし、兎と亀は競争というゲームをやっているのだ。ゲームであれば、相手が油断をしているのであるから、起こす必要はないだろう」

「うーん、ゲームであれば、起こさなくてもよいか……」

相手のインド人は引っ込みました。だが、別のインド人がわたしに言います。

「おまえは、兎は昼寝をしていると言ったが、それは亀には分からないことだろう」

「えっ?!　どういうこと……?」

「ひょっとしたら、兎は病気で苦しんでいるのかもしれない。病気であれば、起こしてやるべきだろう。起こしてやって、はじめて病気で苦しんでいるのか／それとも怠けて昼寝をしているのかが分かるのだから、ともかく起こしてやるべきだ。だから、その亀は悪い亀だ!」

そう言われて、わたしは絶句せざるを得ませんでした。

インド人が言うのは「仲間意識」です。たとえゲームであっても、ひょっとしたら仲間が苦しんでいるかもしれない。そのときは援助の手を差し伸べるべきだ。インド人はそう主張します。

ところが、日本人であるわたしは「ライバル意識」で考えていたのです。競争には絶対に勝たねばならない。そして競争に勝つためには、かりに相手が病気になっても、同情は禁物。相手を見捨てて、ひたすら勝つための努力をせねばならない。われわれ日本人は、だいたいにおいてそのような考えでいます。

ある社会学者が実験をしました。彼は東京都内のＪＲの駅のホームのベンチに、頭を抱えこんでじっと坐っていました。始発から終電まで、黙って坐りこんでいたのです。その一日、彼に声をかけた乗客は、終電まぎわの酔っ払いだけでした。

「おいっ、どうした?! 大丈夫か?!」

その言葉を聞いて、彼は涙が出るほどうれしかったと言います。

まさに大都会の孤独ですね。

これがインドであれば、じっと立っているだけで、たちまち数人が声をかけてくれます。いや、インドでなくても、誰もが困っている人に声をかけます。

わたしも昔、ロンドンの地下鉄を降りた街角で、新聞を売っている人に道を尋ねました。だが、ロンドンなまりの英語（あれはコックニーというそうですね）は、わたしにはまったく分からない。〈困ったなあ……〉と呆然《ぼうぜん》としていたら、「どうしたのか?!」と声をかけてくれる人がいました。彼はアメリカ人の旅行者らしく、彼の英語はわたしにも聞きとれます。事情を話すと、

「では、わたしが訊いてきてやる」

と、新聞スタンドに行ってくれました。しかし、しばらくして、

「俺にも分からん」

と言いながら帰って来ました。他人に無関心なのは、どうやら日本だけのようですね。

＊

そこで、気になるので、日本の昔話を調べてみました。

岩波文庫には、関敬吾《せきけいご》編の『日本の昔ばなし』が三巻あります。そのうちには「兎と亀」の話はありませんが、第三巻の『一寸法師・さるかに合戦・浦島太郎』には、その後日譚《ごじつたん》ともいうべき「亀にまけた兎」が収録されています。亀との競争に負けた兎は、危うく兎村を追い出されそうになります。しかし、彼は頓智《とんち》でもって狼をやっつけ、兎村の危機を救い、名誉を回復したという話です。これはこれで、仲間意識を大事にした話になっています。

それから、おもしろいと思うのは、第一巻の『こぶとり爺さん・かちかち山』に収録されている「動物の競争」の話です。そのうちの一つに「鯨《くじら》となまこ」があります。いささか長くなりますが、全文を引用します。

昔、鯨《くじら》が「おれほどえらいものはない」と自慢していると、なまこが聞いて笑った。鯨は腹をたてて、なまこに「走りごっこをしよう」といった。なまこは承知した。「それでは三日ほど待ってくれ、何時にここらですると油良《ゆら》の浦のようなところに来てくれ、そこで待っているから」と約束した。そういって、なまこは仲間のところにいってみなの者を集めた。「実《じつ》は今日、こういうわけで鯨と走りくらべをする約束をしたんだが、なかなか鯨に勝てるものではない、お前らは一人ずつ浦々にいっていてくれ、そして鯨が来たら今きたのかと言ってくれ」と頼んだ。一同は承知して、それぞれの浦へころがっていった。それから三日たった。油良の浦のようなところで、鯨となまこがおち合った。それから、「これから小浜の浜まで泳ごうじゃないか」といって泳ぎ出した。鯨はえらい勢で泳いだ。なまこはころころ転ぶのだから容易《ようい》じゃない。小浜の浜まで来た。鯨はまだなまこは来ているまいと思って、「なまこ殿、なまこどの」と声をかけてみた。すると、「鯨どの、いま来たのか」と答えた。鯨はおどろいた。それじゃ、下田の浦まで泳ごうといって、また泳ぎだした。そうして下田の浦まで来て、「なまこ殿、なまこどの」といって見まわすと、「鯨どの、いまきたのか」と、なまこが答えた。こんどは森の浦までというように泳いでいったが、どこまでいってもなまこに先をこされた。そうしてとうとう鯨がまけてしまったということである。

これを読んで、最初、わたしはなまこはずるいと思いました。けれども、考えてみれば、なまこは弱者です。そして鯨は強者。弱者が強者を倒すには、仲間の協力が必要です。この話は、仲間の協力を謳ったものと考えられます。

そういえば、以前、ペルシア（イラン）に伝わる「兎と亀」の話を何かで読んだ記憶があります。兎と亀が競争するのですが、亀は自分とそっくりな弟を先にゴールに立たせておいてから競争したというのです。だから、兎がどんなに速く走っても、兎の負けになります。

これも、弱い者同士が仲間の団結でもって強者をやっつける話なのです。

だとすると、仲間意識を失って、仲間同士がライバルになって争っているのは、ひょっとしたら現代日本人だけかもしれません。そういうライバル意識が、人間を孤立させ、人々は孤独に悩むようになるのではないでしょうか。わたしにはそう思えてなりません。

11　競争は悪だ！

日本の経済が高度成長を続けているころ、わたしは経営評論家を自称する人と対談したことがあります。話が社員同士の「競争」になったとき、わたしが、

「人間が人間と競争するのは悪いことだ」

と発言しました。すると相手は烈火のごとくに怒りだしました。

「何を言うか?!　資本主義経済が発展するためには、自由競争が必要なんだ。それをあんたは『競争は悪だ』と主張する。あなたはおかしなことを言っている」

それでわたしは反論しました。たしかに、企業と企業との自由競争によって資本主義社会が発展するのは、その通りである。ところが日本では、価格協定や談合によって、企業同士の自由競争を回避している。そのくせ、社員同士の競争を会社はむしろ奨励している。わたしが「悪い」と言うのは、後者の社員同士の競争である。そのように言っ

たのですが、相手は聞く耳を持ちません。

そこでわたしはこう言いました。

「あなたは、『競争は必要だ』と主張されました。わたしは全面的にあなたの主張に賛成しませんが、いちおう競争の必要性は認めましょう。けれども、競争は悪ですよ。悪だけれども必要。つまり必要悪になります」

「何を屁理屈を言うか?! 必要ならば善に決まっている!」

結局、二人の意見は噛み合いません。あの対談はおじゃんになってしまいました。

これでお分かりのように、日本人には「必要悪」の考えが分からないのです。

世の中には、悪だけれども必要だとされるものが数多くあります。たとえば死刑です。現在、国際的には死刑は悪とされています。だって死刑は、人殺しですよ。いかなる理由があろうと、人を殺すことが悪いとされるのは当然です。ですが、日本では、死刑を公認しています。これは、死刑を必要悪と認めていることになります。ところが、日本人はその必要悪の考えが分からず、必要性を認めると、あたかも死刑が善になったかのように錯覚するのです。

教育上の体罰だって必要悪です。わたしは体罰の必要性を認めませんが、かりに体罰の必要性を承認しようものなら、日本人はあたかも体罰（暴力）を加えることが善であるかのように思って、暴力教師や暴力運動部員がはびこるようになります。体罰は悪なんだから、もしも教師が生徒に体罰を加えると、その教師は辞職を覚悟すべきです。わたしはそう思いますが、そのように考える日本人は少ないですね。

　たばこだって悪です。喫煙者がどれだけ人に迷惑をかけているか、それを考えて忸怩《じくじ》たる思いで吸うべきです。〈俺は悪人なんだ〉の自覚を持つべきです。その上で、自分の悪癖の必要性を許してもらっているのです。それが必要悪です。

　同様に、仲間が仲間と競争するのも悪です。競争は必要かもしれないが――わたしはあまり必要性は認めませんが――、悪は悪です。だから必要悪。

　ところが、たいていの日本人は、

　　――必要ナラバ善――

と考えてしまいます。死刑は、殺人を防止するために必要、だからいいものだ、と思うわけです。つまり、人が人を殺すのをやめさせるために国家が人を殺すのは善――となるのです。これは、顔についた汚れを落とすために、墨汁でもって顔を洗うようなものです。おかしいですよね。

ともあれ、必要悪の論理を理解できないのが日本人です。

＊

では、何のために競争が必要なんでしょうか……？
それは、競争する側の利益のためではなく、競争させる側の利益のためです。
プロ野球の球団が、チームの選手のポジション争いをさせますが、そうすることによってチームの実力が増大します。明らかにチームの利益のために選手を競争させるのです。

ところが日本人は、これを、競争があるために切磋琢磨することによって、個々の選手の実力も向上する。したがって、競争によって個々の選手の利益も増大する、といったふうに言います。嘘ですよ、嘘。競争なんかしないで、美事に才能を発揮した大スターのいることを忘れないでください。反対に、競争を強いられて、その結果、萎縮してしまった選手がごまんといます。競争は、競争をさせる側の利益のためにあるのです。

以前、売り上げのノルマを決めていないタクシー会社の運転手の話を聞きました。しかしその会社では、ノルマの代りに、その日の売り上げの平均額によって運転手の報酬を決めます。数字は正確ではありませんが、かりに平均額を上回った者の報酬は売り上げの六〇パーセント、下回った者のそれは四〇パーセントとします。するとどうなるでしょうか？　わたしに話してくれた運転手は、こう言いました。

「ノルマがあると、ノルマを達成したあとは、のんびり仕事ができます。たとえ近距離の乗客であっても、こちらはすでにノルマを果たしているのですから、ゆったりと親切に対応できます。しかし、平均額で競争させられると、他の運転手がどれだけ売り上げているかが気になり、どうしても近距離の乗客にいらいらします。乗車拒否なんてわたしはしませんが、乗車拒否をしたくなる心境になりますね」

そして、その結果、会社全体の売り上げは増大します。競争は、個々の運転手の他の運転手に対する猜疑心《さいぎしん》の上に、会社の利益を増大させる役割があります。

教育の場で考えてください。わたしは、義務教育の場に競争原理を持ち込むことに大反対です。なぜ学校の先生は、小学生、中学生の成績をつけるのですか?!　子どもはみんな、それぞれのスピードで成長するのですよ。成長の速い子もいれば、遅い子もいます。小学校の二年生のときに読めなかった漢字を、小学五年になって読める子もいます。それでいいではありませんか。

でも、勘違いしないでください。わたしは後期高等教育、すなわち高校や大学で成績をつけるな、と言っているのではありません。後期高等教育は、入学する者は、

「わたしを査定し、評価してください」

と志願して入って来るのです。だからびしびし評価し、落第させるべきです。それを日本では、大学においてもお情けでもって卒業させるのだから、どうかしています。

しかし、義務教育は違います。そこでは児童や生徒は、それぞれの個性に応じて学習すればよいのです。別段、勉強したくない子は勉強する必要はありません。学校でのんびり遊んでいればよいのです。事実、敗戦直後の一九四〇年代の小学校がそうでした。教師は、熱心に勉強する優等生もいれば、勉強なんてまったくしない劣等生もいました。その劣等生を自由に遊ばせていました。そういう時代もあったのです。

小学校・中学校の運動会についても、わたしは一言あります。

なぜ、運動会に全員参加しないといけないのですか?

文部科学省の役人から聞いた話ですが、彼はオーストラリアの教育事情を視察して報告しています。オーストラリアの小学校でも運動会はあるが、しかしその日は自由参加であって、全員が出席するわけではない。その点が日本との大きな違いだそうです。わ

たしはそのほうがいいと思います。

見てください。徒競走において、ぶくぶく太った肥満児がよたよたと走っている姿を。残酷です。どうして肥満児を走らせ、競走させる必要があるのです。走りたい者だけを走らせればいいのです。ちょっと口悪く言えば、競走馬になりたい奴だけが走ればいい。たぶんこれにはクレームがきそうですから、ここのところは削除します——と言いながら書いちゃったのですが、わたしに言わせれば、走りたくない人間を走らせる。そういうやり方にこそクレームをつけたいですね。

ともあれ、競争は悪です。もっとも、企業が他の企業と価格競争等をするのは悪ではありません。競争は、競争をさせる側の利益につながります。企業に価格競争をさせるのは消費者ですから、企業の競争は消費者の利益になります。われわれは企業に大いに競争させましょう。価格協定なんて、もってのほかです。

しかし、人間を人間と競争させるのは悪です。

ところが、悪ではあっても、それが必要な場合もあります。たとえば、大学に無制限に人を入学させるわけにはいきませんから、選抜試験が必要になります。つまり、人間を競争させて合格者を決める必要があります。

だが、その場合でも、競争への自由参加が大前提になります。競争に参加したい者だけが参加し、そして一生懸命に競争する。それが本当の競争です。競争原理を讃美する人は、おおむねこの自由参加ということを忘れていますから、ちょっと注意しておきます。

＊

ふと思い付いたもので、本筋とまったく関係のない脱線話を書きます。『小学唱歌集』には「あおげば尊し」があります。

あおげば　とうとし、わが師《し》の恩《おん》。

で始まる歌です。小学校や中学校の卒業式のとき歌わされました。学校の先生がみずからを讃美する恩着せがましい歌を、児童や生徒に強制して歌わせる鉄面皮。どうにもいただけませんね。

と言えば、こういう反論があるでしょう。昔の人は、

――三尺去って師の影を踏まず――

と、自分の師を大事にした。それは洋の東西を問わずである。師の恩を忘れないのは、人間として当然である、と。

たしかに、師の恩は大きい。わたしたちは師の恩を忘れてはなりません。それはそうですが、まちがってもらっては困るのは、昔の人が言う「師」とは、弟子のほうから自由に選んだ師です。

たとえば、浄土真宗の開祖の親鸞《しんらん》（一一七三―一二六二）は、その師の法然に対して、

たとひ法然聖人にすかされまひらせて、念仏して地獄におちたりとも、さらに後悔すべからずさふらう。（『歎異抄』）

と言うほど、師の法然に絶対的に帰依しています。だが、忘れないでください。親鸞は自分の意思によって、つまり自由に法然を師に選んだのです。だから、師の恩が尊いのです。

けれども、現在の義務教育の学校の先生は、児童や生徒に自由に選ぶ権利はありませ

ん。強制的に押し付けられた教師です。そういう教師に、わたしは恩を感ずる必要はないと思います。暴言多謝。

12　この世は「弱肉強食」か？

競争といえば、よく知られているのは、

――生存競争――

です。これは、英語で“struggle for existence”といい、社会進化論を唱えた明治時代の哲学者の加藤弘之《ひろゆき》（一八三六―一九一六）がそれを訳したものです。あるいは〝生存闘争〟といった訳語もあります。

生物が生きていくために必要とする生活空間や食物は有限です。だからむやみと個体数を増加させるわけにはいきません。そこでその増加を制限するために、生物の世界では競争（闘争）が起きているというのが生存競争（生存闘争）の考え方です。そして、同種個体間の競争を種内競争、異種間のそれを種間競争といいます。

たとえば、アメリカ合衆国の国鳥となっているハクトウワシ（白頭鷲）は、必ず二個の卵を産みます。それも一週間のあいだをあけて産むのです。そうすると、最初の卵は先に孵化《ふか》します。そのあと一週間して、あとの卵が孵化する。当然に、最初に孵化した兄か姉は大きくなっています。するとこの兄か姉は、あとから孵化した弟か妹を殺してしまうのです。それを見て、われわれは残酷だと評しますが、じつはハクトウワシは餌《えさ》をとるのが下手で、二羽を育てるわけにはいかないのです。だからあとから孵化した一羽を殺さざるを得ないわけです。わたしはそう聞いたのですが、これには異説もあるようです。

それじゃあ、二個も産まずに、初めから一個の卵にしておくべきだ。そういう意見もありそうですが、最初の卵が無精卵であったり、最初に孵《かえ》った雛《ひな》が蛇に食われるといった事故もあります。そういうリスクに備えて、ハクトウワシは二個の卵を産むのです。それが自然界の法則です。

ハクトウワシの例は種内競争ですが、異種間においても競争はあります。肉食動物が草食動物を捕食するのが、その例です。

そして、そこから、人口に膾炙《かいしゃ》した、

——弱肉強食——

といった言葉がつくられました。自然の世界は弱肉強食になっている。つまり激烈なる競争がある。したがって、弱い者が強い者に滅ぼされるのは自然の摂理《せつり》であって、われわれはそれに文句を言ってはならない――。と、日本人は競争を自然の摂理として是《ぜ》認《にん》します。是認するどころか、礼讃《らいさん》します。だからおまえたちは競争に負けないようにがんばれ、がんばれ、と、わたしたちは言われ続けてきました。

ところが、時田昌瑞《ときたまさみず》著『岩波ことわざ辞典』を見ますと、この〝弱肉強食〟といった言葉は、中国、唐代の詩人である韓愈《かんゆ》に由来するものですが、江戸時代までに日本でこの言葉が用いられた例は少なく、また明治・大正になっても、この言葉を収載していることわざ集・辞典は数種しかないそうです。そして、この言葉が、

《小型の辞典に収載されるようになって一般化するのは、意外にも昭和三〇年近くなってからのようだ》

とあります。とすると、日本が戦後に経済を回復し、経済成長を遂げる中で、この弱肉強食の競争原理が大いにもてはやされたわけです。つまり、われわれが仲間意識を失い、ライバル意識を燃え立たせた時期と、〝弱肉強食〟なる言葉が一般化する時期とが、みごとに重なっていることになります。

けれども、現代の生物学者は、〝弱肉強食〟なんて言葉は使いません。また、〝生存競争〟といった言葉もあまり使いません。生物学者は、自然界のあり方を、

――食物連鎖（food chain）――

と捉えています。これは、北極地方の生態系を研究した、イギリスの動物学者のチャールズ・エルトン（一九〇〇―九一）が提唱した概念です。

まず、緑色植物が光合成によって繁殖します。その植物を植食動物が一次消費者になって消費します。ついで植食動物を食う小型肉食動物が二次消費者になり、それを食う大型肉食動物が三次消費者になります。これが自然の生態系です。

注意してほしいのは、このどこにも「競争」といった概念はありません。

もしもこのような自然の生態系に「競争」概念を持ち込むとどうなるでしょうか？

有名な例では、アメリカのアリゾナ州カイバブ平原で、クロオジカを繁殖させるために、捕食者であるピューマやコヨーテの全滅作戦を展開しました。

その結果、最初は数千頭であったクロオジカが、十数万頭にまで増えました。

ところが、そのあと食料不足が起きたのです。あまりにも増えすぎたクロオジカが、植物の芽まで食べたために、土地が荒廃し、ほとんど全滅に近いまでに個体が減少したのです。

捕食者のいない土地は「天国」であるどころか、まさに「地獄」になってしまったのです。

わたしたちは、自然の生態系の中に競争原理を持ち込んで、その結果、そこに「地獄」をつくりだします。クロオジカは個体数の過剰を防ぐために、ピューマやコヨーテに食料を提供している。仏教の言葉でいえば、

「どうかわたしを食べてください」

と、わが身を布施しているのです。それを弱肉強食の競争原理で考えるから、捕食されるクロオジカは気の毒だ、捕食者を殺してしまえ！　となるのです。

わたしたちは、競争が悪だと知って、競争原理でものを考えないようにすべきだと思います。

＊

このアリゾナ州のカイバブ平原で起きたと同じ出来事が、人間世界でも起きています。一九五〇年代の前半、東アフリカのエチオピアで、マラリアによる乳幼児死亡率が八〇パーセントにも達するという、悲惨で貧しい村がありました。国連の世界保健機構（WHO）は、救済のため、イタリアの医師団を派遣し、マラリア撲滅作戦を展開しました。その結果、わずか五年でマラリアは完全に駆逐され、乳幼児死亡率も、先進国なみとはいかなかったのですが、それでも一〇パーセント程度にまで下がりました。このことはWHOの功績として、内外に喧伝されたのです。

ところが、それから十年後、事後調査のために新しい研究グループが派遣されました。しかし、彼らは、研究目標の村を発見できなかったのです。なぜなら、村が消滅していたからです。

お分かりになりますよね。マラリアが撲滅され、衛生状態が改善されたため、村の住人の死亡率は減少し、人口は急激に増加します。しかし、その増加した人口を、村の生産力でもっては養えないのです。その結果、村は雲散霧消するよりほかなかった。

WHOが深刻なジレンマに立たされた——という有名な話です。

わたしはこの話を、関口武著『気象と文化』（東洋経済新報社）で読みました。

非常にコメント（論評）を加えにくい話です。乳幼児死亡率八〇パーセントというのは、なるほど悲惨きわまりない事態です。だが、それでもって、貧しい村の生産力が生き残った人間の胃袋を満たすことができたのも事実です。乳幼児死亡率が改善されると、逆に村人たちが飢えに苦しみ、村を捨ててどこかに逃げ出すよりほかなくなります。その結果、村が消滅してしまうのです。

では、どうすればよいのでしょうか？

そう簡単に答えられません。

しかし、わたしたちが、この世は競争原理が支配する「弱肉強食」の世である――と教え込まれてきたのが、あんがいにまちがっているのではないかということだけは、言えそうに思います。ともかく、競争原理に対する疑問だけは持ってほしいですね。

13　資本の論理がつくった孤独

競争原理の反対は共生原理です。

競争原理は、人間を孤独にします。

誰かが言っていましたが、猛獣に襲われて逃げる二人は、二人ともに心の中で、〈おまえが食われてくれ。そのあいだに、俺は走って逃げる〉と考えています。他人の不利益が自分の利益になるのだから、そこには連帯意識はありません。しかも、誰もが、相手もそう考えていることを知っていますから、孤独を感じざるを得なくなるのです。

その孤独から人を救ってくれるのは、共生原理です。連帯意識であり、仲間意識です。

けれども、連帯意識といっても、カール・マルクス（一八一八―八三）が言った、万国のプロレタリア団結せよ！（『共産党宣言』）

あのような勇ましいものではありません。猛獣に襲われた二人が、力を合わせて猛獣と闘うのではなく、

〈もう駄目だ！　われわれは二人で一緒に食われよう〉

と覚悟をすることです。それが共生の思想です。いや、共死の思想というべきかもしれません。

このことを昔話で検証してみましょう。またしても昔話か、と言わないでください。日本の昔話で有名なのは、花咲か爺《じじい》であり、瘤《こぶ》取り爺です。花咲か爺だと、一人は正直者で、隣の爺は欲深者です。瘤取り爺も同じで、一人は正直爺さん、隣は意地悪爺さんになっています。ただ隣に住んでいるだけで、無条件に欲深にされ、意地悪者にされてしまう。日本の昔話はだいたいがそうなっています。これは競争意識が働くから、そうなるのです。

しかし、よく考えてみてください。瘤取り爺でいえば、隣の爺さんが鬼に瘤を取ってもらった。それを知って、

〈それじゃあ、わたしも……〉

となるのは当然です。そのどこが欲深であり、意地悪ですか？　それを悪いと言うのであれば、他人が見ているテレビ番組を見てはいけないいし、他人が服《の》んでいる薬を服んではいけません。ということは、そもそも宣伝・コマーシャルがいけないのです。現代社会は崩壊しますよ。

よく考えてください。隣の爺さんは、自分も瘤を取ってもらおうと、鬼の所に行きました。しかし、彼の踊りは下手糞であった。それが故に、彼はもう一つ瘤をつけられたのです。たんに踊りが下手であっただけのことです。それを欲深といい、意地悪という、日本人の神経はどうかしています。

そこで、金子みすゞ（一九〇三―三〇）に登場してもらいましょう。

彼女は薄倖《はっこう》の童謡詩人です。二十六歳という若さで夭折《ようせつ》しています。その金子みすゞに、次のような童謡詩があります。

こぶとり

正直爺《じい》さんこぶがなく、
なんだか寂《さみ》しくなりました。
意地悪爺さんこぶがふえ、
毎日わいわい泣いてます。

正直爺さんお見舞だ、
わたしのこぶがついたとは、
やれやれ、ほんとにお気の毒、
も一度、一しょにまいりましょ。

山から出て来た二人づれ、
正直爺さんこぶ一つ、
意地悪爺さんこぶ一つ、
二人でにこにこ笑ってた。

わたしは、彼女が〝意地悪爺さん〟と呼んでいることに不満があります。できるなら、〝隣の爺さん〟にしてほしかった。しかし、そんなないものねだりはすべきではないですね。金子みすゞは、立派に共生原理を謳っています。わたしの大好きな詩です。

金子みすゞのいいところは、二人で鬼のところに行って、隣の爺さんの瘤を取ってもらおうとしていない点です。つまり、鬼を外科医と扱っていない。鬼は鬼であって、そうそう人間の注文通りにはしてくれませんよ。それならそれで、二人がともに瘤のある最初の状態に戻してもらった。そこがすばらしいのです。

瘤のある不幸、悲しみを、二人でともに耐えようという思想。わたしだけが瘤がなくなり、隣の人に瘤が増えた。それを喜ぶのではなく、相手のために悲しんであげる気持ち。それこそが仲間意識であり、人間を孤独の状態から救い出してくれるものです。わたしはそう思いますが、そのような仲間意識、お互いさま意識がすっかり日本の社会から消えてなくなりました。本当に悲しいことですね。

＊

わたしがいつも使う問いかけですが、二人に一個しかパンがありません、どうしますか？　というのがあります。

回答の選択肢ですが、いちおう四つを用意しました。
Ａ　パンを半分こにする。
Ｂ　一人が食べて、一人は食べない。
Ｃ　二人とも食べない。
Ｄ　パンを増やす。
けれども、最後のＤは、将来の努力目標であって、当面の対応策ではありません。だから、これは削除し、ＡＢＣの三者択一にします。

すると、たいていの人がＡの「半分こ」を答えます。二人に一個しかパンを仲良く分け合って食べる姿。たしかに美しいですね。

だが、この問題を少し改変して、

「二人の社員に一人分しか仕事がありません。どうしますか？」

にします。そして回答の三択を、
Ａ　給料を半分にして、二人の雇用を続ける。
Ｂ　一人は社員に残し、もう一人は馘首《かくしゅ》する。

C　二人をともに解雇する。

にします。そうすると、Aに賛成の人は少なくなります。「理想はAだけれども、実際問題としてはBにならざるを得ないよな……」ということになるのです。

じつは、ヨーロッパの福祉国家においては、基本的にAが採用されています。ところが、日本やアメリカのような非福祉国家、競争原理を基軸にした資本主義国家においては、Bが採用されます。なぜなら、給料を半分にしても、二人の社員の雇用を続けると、交通費や厚生費などが二人分かかるから、一人をリストラしたほうが会社のメリットが大きくなるからです。

だとすると、Bは明らかに資本の論理です。

それに対して、Aは福祉の論理。

Cは労働組合の論理だと思います。会社側が一人を解雇するのであれば、われわれは二人とも会社を罷《や》めるというのがCです。これは労働者の仲間意識ですね。

もちろん、実際には、一時的な不況でやむを得ず会社がリストラのために従業員を解雇することもあります。アメリカにおいてもそういうことはありますが、しかし景気が回復して、会社が従業員を増やす場合、以前に解雇した人を優先的に採用するように義務づけられています。ところが日本においては、高給の年寄りを解雇しておいて、給料の安い若者を採用するのだから、まさに資本の論理が剝《む》き出しです。わたしは、日本の資本主義社会を唾棄《だき》すべきものと考えます。

まあ、ともあれ、現代の日本においては、人間は孤独になります。ライオンに追いかけられて逃げる二人が、二人とも心の中で、

〈お前が食われろ！　俺はそのあいだに逃げるから〉

と考えているのですから、そこには人間としての仲間意識はありません。誰かが解雇されたとき、いちおう解雇をまぬがれた社員は、

〈俺でなくてよかった……〉

安堵《あんど》の胸をなで下ろし、心の中でひそかに祝盃《しゅくはい》を上げています。それが日本のサラリーマン社会です。

でも、リストラされた人は、いちおう退職金を手にしています。だが、生き残った社員が、その後会社が倒産したために一円の退職金も得られないケースだってあります。そしてそのとき、先に解雇された者が、心の中で、

〈ザマアミロ！〉

と喝采《かっさい》を送る。日本の社会は、他人の不幸を喜ぶまでになってしまっています。まさに地獄です。そしてその地獄は、孤独地獄ですよね。

III 絶対の孤独

14　愛を超えたもの

プロテスタント作家の三浦綾子（一九二二―九九）が、こんな話を書いています。

占領軍の一人として日本に来ていたアメリカの青年が、一九五〇年に勃発した朝鮮戦争のため、日本から朝鮮に派兵されました。彼はやがて音信不通となり、両親は息子は戦死したのではないかと案じているところに、帰国した息子から電話があった。息子は負傷し、病院に収容されていると言います。父親が、早速その病院に迎えに行くと告げますが、息子は、友人を一人連れて行ってよいかと尋ねます。父親は、もちろん喜んで迎えると返事しました。

ところが、息子は、じつはその友人は両足を切断されていると言います。

父親は、それでも、二、三日なら喜んでその友人を家に迎えると言いました。

だが、息子は、二、三日ではない、一生、その友人の世話をしてやってくれ、と父親に言います。

そんなことはできない。おまえは一人で帰るように……と、父親。

しかし、息子は、自分はその親友と別れることは絶対にできない。親友も一緒に家に迎えてくれないのであれば、自分は家に帰ることはできない。そう頑強に主張します。

父親は、そんなふうに即決するな。会って話し合ってから決めよう。ともかくすぐに迎えに行くから、と言って電話を切りました。


父親は息子のいる病院に訪ねて行った。病院に着いて息子の名を告げると、係の者はひとまとめの荷物を父親に手渡し、これはあなたの息子さんの遺品だと言った。息子はピストル自殺を遂げていた。両足を切断した友人とは、なんと息子自身であったのである。（三浦綾子『藍色の便箋』小学館）

三浦綾子は、牧師から聞いた話として、これをエッセイに書いています。

なぜ、このアメリカの青年は自殺したのでしょうか……？　三浦綾子はこう書いています。

両足を切断してから、帰国するまでの間に、彼は自分の一生の大変さと共に、まわりの人の大変さを、いやというほど身に沁みて感じていたにちがいありません。たとえ親であっても、わが子なら引き取るという、本能的な愛だけでは、安心出来なかったのかも知れません。赤の他人の第三者をも受け入れるだけの愛がなければ、頑強親は自分の一生を見切れまいと思ったにちがいないのです。それでなければ、頑強に友人を受け入れよとは言わなかったでしょう。彼は必死だったのだと思います。

（前掲書）

青年は、朝鮮で負傷し、両足が切断され、アメリカ本国に送還される長い時間を、必死になって考えたのです。たとえ両足を失くしても、きっと両親は、

「生きていてよかった」

と喜こんでくれるでしょう。その肉親の愛を、息子が疑ったはずはありません。けれども、わたしたちはその愛情を信じ、愛にすべてを託することができるでしょうか……？　愛というものは、いつか変質してしまいます。小柳ルミ子は、

愛があるから　だいじょうぶなの　（「瀬戸の花嫁」山上路夫作詞／平尾昌晃作曲）

と歌いましたが、惚《ほ》れ合って、愛し合って結婚した男女が、のちに離婚することもよくあることです。愛があるから大丈夫――とはなりません。
両足を切断された息子をあたたかく迎えた両親ですが、
〈いっそあのとき、戦死していてくれたらよかったのに……〉
と思う瞬間が絶対にないとは断言できません。また息子も、両親に迷惑をかける気苦労の中で、
〈ぼくは、むしろ戦死したほうがよかった〉
と思うようになるかもしれないのです。
そんな将来のことを考えて、息子は、
〈そうだ、肉親の愛情ではなく、両足のないまったくの赤の他人を引き取って、その他人の面倒を一生のあいだ見続ける、そのような崇高な愛によって、ぼくは救われるのだ〉

と思いました。それで父親に、両足を切断されたぼくの親友も、ぼくと一緒に家に連れて帰ってくれ、と頼んだのです。一種の謎かけをしました。しかし、父親には、無理もありませんが、息子のかけた謎は分かりません。そんな赤の他人の面倒なんて見られない。そのようににべなく拒絶しました。息子は、それで自分が拒絶されたと思ったのです。

ここで息子を、彼は、自分の両足が切断されたことを正直に父親に告げ、「お父さん、それでもぼくを迎えてくれるかい？」と訊くべきであったと責めないでください。息子がそう尋ねると、両親はきっと、

「ああいいよ、両足を失ったって、おまえが生きていてくれるだけでうれしい」

と答えるに違いありません。しかし息子は、そのような愛情が将来いつか変質することを見抜いていたのです。それを見抜いて、愛を超えた人間としてのつながりを両親に求めた。しかし、そのようなつながりを両親は与えてくれません。まさに漱石が『行人』の中で言ったように、

——人から人へ掛ける橋はない——

のです。人間は本質的に孤独です。息子を責めないでください。

かといって、息子の謎かけを見抜けなかった父親を責めないでください。平凡な日常生活の中では、人は誰もが、

――愛があるから　だいじょうぶなの――

と思っています。自分の両足が切断されたとき、人間ははじめて愛を超えたものの必要性に目覚めるのです。それまでは、人間は日常性の中で生きています。そして、ときに愛情に裏切られて、離婚をしたり、別居をしたり、親が、

〈こんな子どもを産むのでなかった〉

と思い、子どもが親に反抗して絶縁状態になったりします。日常性の中で傷つきながら生きるよりほかないのです。

＊

ともあれ、人間はお互いに愛し合いたいのです。すき間をあけずにぴたりとくっつき合いたいのです。双方がともにそれを望みながら、にもかかわらずそれができない。それができないのがわれわれ人間の実存です。

ショーペンハウアーは、それを「ヤマアラシのジレンマ」と呼びました。

われわれは孤独に生きるよりほかなさそうです。

15「孤独」と「孤独感」

中国、戦国時代の思想家の孟子《もうし》（前三七二―前二八九）は、

老いて子なきを独といい、幼にして父なきを孤という。（『孟子』梁恵王《りょうけいおう》篇下）

と言っています。もっとも、孟子自身はまだ〝孤独〟といった熟語は使っていませんが……。

しかし、「孤独」と「孤独感」は違います。

「孤独」というのは、たんなる状態の問題です。親がない状態、子どものいない状態、妻に先立たれた状態、夫に先立たれた状態にすぎません。

ところが「孤独感」のほうは、親がいるにもかかわらず、あるいは親がいるが故にわ

れわれが感じ、悩むものです。子がいるにもかかわらず、あるいは子がいるが故にわれわれは孤独を感じ、それに悩むものです。夫婦のどちらかが先立てば「孤独」にはなりますが、夫婦がともに健在なとき、われわれは「孤独感」に襲われ、それに悩みます。

同じことが、友人にもいえます。

友人のいない人はたしかに「孤独」です。しかし、それは、それだけのことですよね。ところが、友人がいると思っている人は、それ故に「孤独感」に悩まされるはめになります。わたしはケータイも持たないし、電子メールもやりません。だから「孤独感」に悩まされることはありませんが、Ｅメールで友人とつながっていると思っている人は、そのために「孤独感」に悩むのではないでしょうか。「お気の毒さま」と言いたくなりますね。

ともあれ、われわれが悩むのは、「孤独」の状態ではなしに「孤独感」だということを、よく知っておいてください。その上で、ではわれわれはどうすればよいかを考えることにしましょう。

＊

そこで仏教は、われわれに、それ故、

――愛するな！――

と教えています。われわれは愛するが故に、愛する人を持つが故に悩むからです。愛する人がいないとき、われわれは悩まないでいられます。

原始仏教聖典の『スッタニパータ』（渡辺照宏訳による）には、次の言葉があります。

交際すれば愛情がおこる。愛情にともなって、このように苦悩が生じる。困惑が愛情からおこることを考慮し、犀《さい》の角のように、ただひとり行動せよ。（三六）

妻子に対する愛着は、茂り、もつれあう竹に似ている。もたれかからない筍《たけのこ》と同じように、犀の角のように、ただひとり行動せよ。（三八）

子も、妻も、父も、母も、富も、穀類も、親族も、ありとあらゆる欲望をも捨て、犀の角のように、ただひとり行動せよ。（六〇）

なるほど、独りになれば、人間関係の煩わしさに悩まされずにすみます。男にしても女にしても、結婚したが故に配偶者の行動が気になるのです。いっそ独身のほうが気が楽だ、と思ったことが、結婚した人は何度もあるはずです。

にもかかわらず、人は人との「絆《きずな》」を求めます。

じつは、この〝絆〟といった言葉、本来は馬や犬、あるいは鷹などをつなぎとめておく綱のことでした。動物をつなぎとめ、自由を奪うものが「絆」です。それが人間関係に適用され、家族や友人の結びつきにおいて、断つにしのびない恩愛のことを「絆」と呼んだのです。ですからこれは〝絆《ほだ》し〟と同意味になります。

「情に絆されて、ついついあいつを許してしまった」

といったふうに使われています。

ところで、近年はこの〝絆〟といった言葉が、おおむね「連帯（ソリダリティー）」の意味に使われています。「夫婦の絆を深める」といったふうに言いますが、わたしなどはそれを聞くと、夫が太い縄で縛られて、まるで犬のように妻に操縦されている姿を思い浮かべます。

おもしろいのは、イギリスの作家のサマセット・モーム（一八七四―一九六五）の代表作に『人間の絆』があります。原題は、“OF HUMAN BONDAGE”です。これを、日本で最初に翻訳したのは中野好夫ですが、彼は、“bondage”を〝絆〟と訳しました。一九五〇年代のころは、〝絆〟は「束縛」の意味に使われていました。

それから約半世紀後の二十一世紀になって、行方《なめかた》昭夫氏が岩波文庫で『人間の絆』を訳されています。行方氏は『人間の絆』といった題名が日本で定着しているので、それを踏襲したけれども、〝絆〟は今日ふつうに「連帯」の意味で用いられているが、元来は「束縛」の意味であると指摘しておられます。したがって、これは、『人間の隷属について』あるいは『人間の束縛について』と訳すべきだというのです。わたしが自由に訳すことができるのであれば、これを『浮世のしがらみ』と訳したいですね。

ともかくわたしたちは、この浮き世（実際は憂き世かもしれません）に縛られています。世間の評判ばかりを気にしています。

そこで釈迦は、わたしたちに、そのような絆・束縛を断ち切れ！　と教えているのです。浮世のしがらみを断ち切って、自由になって独りで歩め！　そう言っています。

これは出世間のすすめです。仏教とは本来、世間から飛び出て自由になることを教えています。

でもね、「犀の角のようにただ独り歩め」と釈迦から言われても、わたしたちは出家をするわけにはいきません。いえ、出家をすることはお坊さんになることではありません。日本のお坊さんは出家をしていません。ちゃんと大きな寺院に住み、妻子を持ち、所得税を払っています。

本当の出家とは、ホームレスになることです。親を捨て、妻子を捨て、財産も捨てて家を出ることです。釈迦は、そういうホームレスになることをすすめているのです。

だとすると、そういう真の意味での「出家」は、われわれにはできません。

では、われわれはどうすればよいのでしょうか……？

16　世間を馬鹿にする

簡単です。わたしたちは世間を馬鹿にすればよいのです。

日本語には〝世間体〟といった言葉があります。世間の人々に対する体裁《ていさい》や体面のことです。わたしたちはこの世間体をやけに気にしています。そんなことをすれば世間体が悪いのではないかと気にし、自分で自分にブレーキをかけます。

ということは、われわれは世間の奴隷になっているのです。まるで世間がわれわれの生殺与奪《せいさつよだつ》の権力を握っている主人であって、われわれはそのご主人さまにびくびくしながら仕えている。そういう感じになっています。

その世間を馬鹿にすればよいのです。

ところが、わたしが「世間を馬鹿にせよ！」と言ったとたん、あなたのその表現はいささか過激ではありませんか?!　もっと穏当な言い方はできませんか?!　そう言われてしまいます。わたしの本を担当してくれた編集者から、しばしば表現の変更を求められたことがあります。編集者は世間体を気にしているのです。世間の人——読者——が誤解するかもしれないということで、注意を受けるわけです。まあ、この場合は、営業利益（本の売り上げ）が関係しますから、わたしもあまり抵抗はしませんが、ともかくもわれわれは世間体ばかりを気にしています。その世間をちょっと馬鹿にすること。わたしはそれがいちばん大事なことだと思っています。

しかし、世間を馬鹿にせよ！　と言ったのは、わたしが最初ではありません。わが国の仏教の基礎を固めた聖徳太子（五七四—六二二）が、

世間《せけん》虚仮《こけ》、唯仏是真《ゆいぶつぜしん》。

と言っておられます。〝虚仮〟という語は「嘘いつわり」です。〝虚仮にする〟といえば、馬鹿にして侮ることです。世間は嘘であり、虚偽である。ただ仏の教えのみが真実だ。聖徳太子は世間を馬鹿にしているのです。だから仏教者たらんとする者は、世間を馬鹿にしないといけないのです。世間体ばかりを気にするような人は、わたしは、本当

の仏教者とは言えないと思います。
同じことを、浄土真宗の開祖の親鸞が言っています。

聖人のおほせには、善悪のふたつ惣《そう》じてもて存知《ぞんじ》せざるなり。そのゆへは、如来の御こゝろによしとおぼしめすほどにしりとをしたらばこそ、よきをしりたるにてもあらめ、如来のあしとおぼしめすほどにしりとをしたらばこそ、あしさをしりたるにてもあらめど、煩悩具足の凡夫、火宅無常の世界は、よろづのことみなもてそらごとたわごと、まことあることなきに、たゞ念仏のみぞまことにておはしますとこそ、おほせはさふらひしか。

〔親鸞聖人の仰せには、「善悪の二つについて、自分はなにも知らぬ。なぜなら、如来の御心《みこころ》に善しと思われるところまで知りぬいてこそ、善を知ったといえるのだ。如来が悪と思われるところまで徹底して知ったとき、悪を知ったといえるのである。けれども、わたしたちは煩悩にまみれた凡夫であり、この世界は無常の火宅であって、すべてが嘘いつわり、真実はなに一つない。その中で、ただお念仏だけが真実である」と言われたのであった」

親鸞は、この世の善／悪について何も知らないと言っていますが、本当にその通りです。わたしたちが善だ／悪だと言っているものは、すぐにころころ変わってしまうのです。理想の花嫁と思われていた人が、のちに世間のバッシングを受けたり、犯罪者であった人が世のリーダーになったケースは、それこそごまんとあります。イエス・キリストだってそうですね。彼はユダヤ教徒であり、ユダヤ教徒としては異端分子で、だから悪人として十字架刑に処せられました。そのイエスを、「あの人はメシア（救世主）であった」と信じた人々によってつくられた宗教がキリスト教です。したがって、キリスト教徒にとってはメシアであり、神の子であるイエスが、ユダヤ教徒にとっては悪人であり、犯罪者です。それが世の中でいう善／悪です。そんなものが信用できますか?!

世間が言う善／悪なんて、所詮その程度のものです。

だから親鸞も聖徳太子も、わたしはそんなものは信用しない。世間は嘘いつわりだ。そう言っているのです。

つまり世間を馬鹿にしているのです。

けれども、世間を馬鹿にすることは、世間に向かって喧嘩《けんか》をふっかけることではありません。

喧嘩をふっかけるということは、それだけ相手を重要視していることになります。

世間を馬鹿にするということは、いちおう世間のやり方に従っておいて、心の中で馬鹿にすればいいのです。

＊

その意味でおもしろいのは、ドイツの哲学者のカント（一七二四―一八〇四）のやり方です。

彼はなかなかのおしゃれで、流行に忠実に従っていたようです。その彼がこう言っています。

流行遅れの馬鹿になるより、流行を追う馬鹿になったほうがよい。

流行というものは、世間に属するものです。そして、われわれが流行（世間）に反抗しようとすれば、たとえば服装の場合、個性的な服装をせねばなりません。大昔の学生たちは、弊衣破帽《へいいはぼう》の蛮《ばん》カラな風俗で大道を闊歩《かっぽ》しましたが、サラリーマンはそんなことはできません。しかもサラリーマンが個性的な服装をしようとすれば、どうしても金がかかります。ところが流行の服装であれば、どこでも売っているし、値段も安いでしょう。

ただし、タイミングの問題があります。

あまりにも早い時期に流行を追いかけると、値段も高いし、その奇抜さが目立って嘲笑の対象になるかもしれません。逆に、遅すぎても、流行遅れになってしまいます。

まあ、ほどほどの時期がいいですね。

たぶんカントは、ほどほどに流行を追いかけたのでしょう。それがいちばん賢明な方法だと思います。

そして、心の中では、世間の流行を馬鹿にしていればいいのです。カントは、だから自分は「流行を追う馬鹿」と認識しています。これが世間を馬鹿にすることです。

＊

現代において世間を象徴するものは、ブログだとかツイッターというものでしょう。もっとも、わたし自身はケータイも何も持っていないので、それがどういうものか正確に知りません。

が、だいたいにおいて自分の意見を持っていない人が、世間の有象無象の「呟《つぶや》き」を気にするのでしょう。だって英語の〝ツイッター〟という語には、「小鳥のさえずり」といった意味があります。雀のピーチク、パーチクを聞いたって、何にもなりませんよ。みんなは自分独自の意見を持っておらず、どこかの新聞や雑誌で読んだこと、テレビやラジオで聴いたことを繰り返してさえずっているだけです。聞いたって無駄。馬鹿にしていればよいのです。聞く必要なんかありませんよ。

ただし、わざわざ喧嘩をふっかけることはありません。心の中で馬鹿にしているだけでよいのです。あんなものを気にすればするほど、ますます孤独感に苛《さいな》まされます。知らんぷりをしていればいいのです。

17 「人生の孤独」と「生活の孤独」

浄土経典である『無量寿経《むりょうじゅきょう》』には、次のような言葉があります。

人《ひと》、世間の愛欲の中に在りて、独り生れ、独り死し、独り去り、独り来る。まさに行きて苦楽の地に至趣《ししゅ》すべし。身ずからこれを当け、代る者あることなし。

これを紀野一義は左のように訳しています（岩波文庫『浄土三部経（上）』による）。

人はこの愛欲の世間にひとりで生まれ、ひとりで死に、ひとりで去り、ひとりで来るのだ。行なうところに随って苦しみの人生を得たり、幸福な人生を得たりする。行なう者自身がその報いを受けるのであり、代りに受けてくれる者はだれもいないのだ。

わたしたちは、たった一人でこの世にやって来て、また去って行くのです。生まれたときも一人、死ぬときも一人です。じゃあ双子はどうなるんだ？　飛行機事故で大勢の乗客が一度に死ぬこともある。たった一人ではないのではないか。そんなふうに揚げ足を取らないでください。男女の二人が心中しても、いくら手をつないでいても、死ぬときは孤独なんですよ。『無量寿経』の、

――独生　独死　独去　独来――

は、人間の生死の絶対的な孤独を言ったものです。

前にわたしは、「孤独」と「孤独感」の違いについて語りました（一二九ページ参照）。いま『無量寿経』の言う《独生・独死・独去・独来》の絶対的「孤独」は、人生そのものの孤独であって、われわれはこれをどうすることもできません。それに対して「孤独感」のほうは、いわば生活上の孤独なのです。そして、この生活上の孤独――孤独感――は、場合によっては軽減することができます。

いいですか。生活上の孤独（孤独感）とは、失恋したとき、落第したとき、失業したた

とき、あるいは夫婦喧嘩や親子喧嘩、きょうだい喧嘩、他人と喧嘩したとき、わたしたちが孤独を感じ、悩むものです。そして、うまくすればこの孤独感を軽減させることができます。もっとも、それに失敗して、離婚だとか親子の断絶、絶交に終わることも多いのですが……。

だが、人生の孤独（絶対的な孤独）は、いかなる方法をもってしてもそれを軽減させることはできないものです。すなわち、老いること、病むこと、死ぬことは、われわれはそれを軽減させることはできません。

「ちょっとわたしの代りに、あなたが老いてください」

「あなたがわたしの病気を引き受けてください」

「わたしは死にたくありません。あなたがわたしの代りに死んでください」

と頼むわけにはいきません。自分で老い、自分で病み、自分で死ぬよりほかありません。それが絶対的孤独です。

＊

実在主義哲学者の、ドイツのヤスパース（一八八三—一九六九）がつくった用語に、

――限界状況（Grenzsituation）――

があります。これは〝極限状況〟とも訳されます。

詳しく説明すると肩が凝りますので、簡単にします。

わたしたちは常にある状況のうちにあります。すなわち、ある環境的条件の下にある、あるいは利害関係の下にあるといってもよいでしょう。

そして、その状況・環境的条件を、わたしたちの努力によって改変することができます。多額の借金を抱えた状況から、こつこつと借金を返済して無借金の状況に変えることも、場合によっては可能です。また、別居の状況にある夫婦が、再び同居をすることも可能です。

ところが、いくら努力しても、絶対に変えることのできない状況が「限界状況」です。ヤスパース自身はそういう説明をしていませんが、わたしは、限界状況とは老・病・死といった絶対的な孤独、他人に肩代りをしてもらえない苦悩だと思います。自分が老い、自分が病み、自分が死ぬよりほかない、人生そのものの孤独。これをわたしたちは改変したり、回避することはできないのです。

だからわたしたちは、生活上の孤独の苦しみは、それを軽減させることはできます。生活上の孤独の苦しみとは、やるせない孤独感です。その孤独感は、うまくすれば軽くすることができます。

＊

わたしの知人のインド人が、病気の父親を看護するために六か月間、会社を休みました。「六か月も休んで、よく会社を首にならなかったね」とわたしが言えば、彼は、

「えっ?!　日本では、首になるのですか?」

と問い返します。そしてわたしが、「日本だと一週間も休めないよ」と答えると、インド人はあっけにとられた顔をしていました。

結局、その父親は亡くなったのですが、わたしが病名を尋ねても、彼は「分かりません」と答えます。なぜかといえば、父親が病床にあった六か月間に、医者が往診に来てくれたのはたったの二回です。それで病名もはっきりしないまま、たぶん老衰の故に父親は死んだようです。

わたしは、このインド人の父親は孤独感に悩むことはなかっただろうと思います。彼

の最期に、じっと息子がそばにいてくれるからです。そのようなインド人の人生を、わたしは幸せだと思います。

ところが、この話を聞いた日本人のうちには、「インド人は不幸だ」と言う人がいます。その理由は、その父親が入院をして医師の治療を受ければ、六か月で死ぬことなく、一年、二年と長生きできたかもしれないということです。

なるほど、そういう主張も分からないではありません。けれども、白壁の病室の中で、誰も見舞いにやって来ず、ぽつねんと孤独でいる日本の老人の姿は、わたしはあまり幸福とは思えません。それが孤独感の悩みです。

しかし、このような孤独感は、わたしたちの努力によっていくらかでもやわらげることができます。もっとも、父親が息子に、

「たまには見舞いに来い」

と命じても、それで息子が父親を見舞うようになるかどうかは分かりません。子どもが父親の胸にすがって泣きじゃくりたいとき、会社人間の父親は家にいなかった。あるいは単身赴任をしていたかもしれません。子どもがどんな寂しい思いをしたか、父親は知っていますか？　だから子どもに見舞いに来いと頼んでも、息子から、

「おやじ、俺にだって会社があるんだぜ」

と言われる心配があります。したがって家族が孤独感に悩まないためには、まず父親のほうが会社人間をやめる必要があるでしょう。それはそうですが、ともかくもなんらかの改善策があることは事実です。

だが、「絶対の孤独」に関しては、いかなる方法によってもそれを回避することはできません。いくら子どもたちに看取られ、見守られていても、われわれ人間は孤独に死なねばなりません。

ところが、わたしたちはどうやらこの二つの孤独を混同して考えてしまうようです。二つの孤独を、あまり適切な命名ではありませんが、かりに、

――「人生の孤独」と「生活の孤独」――

と呼ぶことにします。

「独生・独死・独去・独来」が「人生の孤独」であり、これは回避したり、軽減できるものではありません。これは「絶対の孤独」です。

それに対して「生活の孤独」は、いわゆる「孤独感」であり、日常生活の中でしばしば感じる寂しさです。前に述べた、松尾芭蕉の、

《秋深き隣は何をする人ぞ》がそれであり、与謝蕪村《よさぶそん》（一七一六―八三）の、

さびしさのうれしくもあり秋の暮

がそうです。わたしはこの蕪村の句が好きです。彼は寂しさを忌避《きひ》することなく、じっくりと寂しさを味わっています。所詮、人間は孤独（絶対の孤独）なんだから、孤独を軽減させようなんて考えず、どっぷりと孤独にひたればよい。そういう蕪村のような孤独に対処する方法もあるのですよね。

ともかく、「人生の孤独」は、われわれにどうすることもできない孤独です。

しかし、「生活の孤独」は、なんとかそれに対処する方法はあります。

その二つを混同しないでください。

現代日本においては、独居老人の孤独死の問題があります。誰もその人の死を知らない。その人が死んで、長いあいだがたってのちに腐乱死体が見つかる。悲惨な死である。そういう論評がなされます。

ですが、勘違いしないでください。その人が寂しかったのは、生きているあいだの孤独です。そしてそのような孤独は、芭蕉は芭蕉なりに、蕪村は蕪村なりに味わったはずです。芭蕉は秋深き時節に、ふと隣人と酒を酌み交わしたくなっても隣人を訪ねて行きません。そして蕪村も、秋の暮にひとり寂しく読書でもしているのでしょう。だから独居老人が、隣近所との交際もなく寂しく生きているのを、いちがいに不幸と呼ぶべきではないと思います。もっとも、寂しくって不幸な人もおいでになります。しかし、寂しさをじっくり楽しんでいる人もいるはずです。それはその人の生き方です。

そして、死後何日も死体の発見されない孤独死の問題があります。けれども、死ぬときはみんな孤独なんです。死に方の問題としては、家族がいようが／いまいがまったく関係ありません。どうやらその辺のところを、人々は誤解しているようです。

それから、腐乱死体を残してみんなに迷惑をかける――といったふうに思わないでください。あなたは税金を払ってきたのです。それ故、あなたに家族がないのであれば、あなたから税金を徴収した国家や地方自治体があなたの死体の面倒を見る義務があります。あなたが卑屈になる必要はありません。堂々と腐乱死体を残してください。それを処理するのは行政の仕事なんですから。

Ⅳ　阿呆の孤独

18　馬鹿な蛙と阿呆な狐

何度も言いましたが、わたしは大阪人を自称しています。それで妻に対しても、

「おまえは阿呆か?!」

と言ってしまいます。東京生まれの妻は、どうも〝阿呆〟といった言葉が気に障るらしく、むしろ〝馬鹿〟と言われたほうがうれしいようです。けれども大阪では（ただし、わたしが育ったころの大阪です）、

「おまえは馬鹿か?!」

と言えば喧嘩になります。大阪人は〝阿呆〟のほうが好きなんです。

そして、〝阿呆〟といった言葉には、どこかやさしさがあります。たとえば、

「うちの父ちゃんは阿呆やねん」

と女房が言った場合、そのあとに、

「そやけどなあ、ええ人やねん」

が続きます。それに対して〝馬鹿〟のほうは、相手に対する罵倒が含まれています。

もっとも、そう言うわたしも東京に出て来て六十年以上になります。したがって、〝阿呆〟と〝馬鹿〟の区別が自分でも混同するようになりました。

そこで、大阪人VS東京人といった差ではなしに、以下の論考の部分に合わせて、わたしなりの〝馬鹿〟と〝阿呆〟の違いを区別したいと思います。

「馬鹿」は……問題状況を打開し、解決しようとあれこれ努力して、結局はそれに失敗する人です。失敗せずに成功した人は「賢い人」です。

「阿呆」は……問題状況を打開し、解決するなんてことは自分には不可能だと思って、問題があるまま、そのまま楽しくやっていこうとする人です。

あなたが貧乏だとします。これは一つの問題状況です。で、その貧乏を克服するために、あくせく、いらいら、がつがつと努力する。働きに働くわけです。上司にごまをすったり、残業に残業を重ねます。でも、あなたは金持ちになれない。結局は貧乏なままです。そういう人が馬鹿です。

阿呆はちょっと違います。阿呆は、

〈俺がどれだけ努力したところで、あるいはけちけちしたところで、絶対に金持ちになんかなれっこない〉

と最初からあきらめて、毎日をゆったり、のんびり、楽しく生きようとします。もちろん、阿呆も金持ちにはなれません。でも、楽しい毎日を送れるだけ幸福です。

だからわたしは、あなたに阿呆になりなさいとすすめたいですね。

花札の十一月の二十点札の絵柄は、雨の中を小野道風《おののとうふう》（八九四―九六六）が傘をさして柳の木の下にいて、じっと蛙が柳の枝に飛び付くのを眺めているシーンになっています。寛政元年（一七八九）の『小野道風青柳硯《あおやぎすずり》』によりますと、

ハヽア奇妙〳〵、水面を放《（離）》るヽ事三尺計《ばかり》、程を隔々し柳の枝に上らんとする、我身を知らぬ虫螻蛄《けら》の愚《おろか》さと見る中に、初めは　一寸又二寸、五寸飛び七寸飛び、ついに枝に取付たる魂のすさまじさ、虫と見て侮るべからず。……。

と、そのシーンが克明に描写されています。蛙がジャンプにジャンプを重ね、ついに柳の枝に飛び付いたのです。それを見て、平安時代の名筆家の小野道風は感激し、自分

も蛙を見習って精進努力をした。そういう筋書きになっています。

では、蛙は何回ジャンプをしたのでしょうか？　『小野道風青柳硯』には回数は書かれていませんが、わたしは二十七回にしておきます。なぜなら、わたしの誕生日が七月二十七日で、「二十七」という数字が好きだからです。

それはともかく、この蛙が馬鹿です。

でも、蛙は柳の枝に飛び付いた。最終的には成功したのだから、賢いのではないか?!　そう言われる読者もおいでになるかもしれませんが、いったい柳の枝に飛び付いて、それが何になると言うのですか?!　二十七回もジャンプする努力の量と、それによって得られる成功報酬の大きさを比べてください。そんなものは「成功」とは言えませんよ。

あなたが会社の社長になろうと努力して、二十七回もの転勤に耐え、ようやく社長になることができたとします。しかし、それによってあなたが失ったものは、妻や子どもたちと毎日を楽しく暮らす一家団欒《だんらん》の生活でした。そしてそれによって得た成功報酬も、会社の不祥事によって、テレビ・カメラの前で責任者として深々と頭を下げて謝罪する。それだけのことかもしれません。そして、すぐに会社を辞めねばならなくなる。そんなことのためにあなたは二十七回もジャンプしました。結局、あなたは馬鹿だったのです。

では、阿呆とは誰か？　わたしは、イソップ物語の狐だと思います。

ぶどう畑にやって来た狐が、

〈あのぶどうはうまそうだ〉

と、舌舐《したな》めずりをします。そして、ジャンプします。何回か……？　わたしは二回にしておきます。一度は、ちょっとジャンプしてみました。しかし、届きません。そこでもう一度、本腰を入れてジャンプします。でも、やはり届きません。

そこで狐は呟きました。

「なあに、あのぶどうは酸っぱいさ」

それで終わりです。この狐が、わたしは阿呆だと思います。

じつは、英語に〝サワー・グレープス（sour grapes）〟があります。直訳すれば「酸っぱいぶどう」です。だが、英和辞典を引きますと、これには「負け惜しみ」とありました。どうしてそうなるのか？　社長の椅子を狙って努力した。しかし、彼は〈俺には無理だ〉と思って、途中で断念しました。断念したのはいいのですが、彼が、

「いやあ、社長になったところで、どうせ会社の不祥事の責任を取らされるだけの話さ。あんなもの、俺はなりたくないね」

と言ったとしたら、それは負け惜しみでしかありません。それが〝サワー・グレープス〟が「負け惜しみ」と訳される理由です。

欧米人は、そういう態度を卑怯《ひきょう》と見るのですね。

では、わたしがすすめる阿呆は、卑怯に通じるのでしょうか？

卑怯と言われようと／言われまいが、わたしは、仏教はこの狐の態度をすすめていると思います。狐の態度とは、

——あきらめ——

です。無駄な努力をすることなく、むしろあきらめたほうがよろしい。仏教はそう教えています。

その仏教の教えについては、このあとすぐに詳しく解説しますが、あらかじめここで注意しておきたいのは、〝あきらめ〟といった言葉に、二つの違った意味があることです。

現代の日本語では、〝あきらめ〟といえば「断念する」「思い切る」ことだと思われています。この場合は、〝諦め〟と表記します。

ところが古語においては、〝あきらむ〟は〝明らむ〟と表記し、「明らかに見きわめ

る」「物事をはっきりさせる」といった意味に使われていました。

そして仏教がすすめるのは、後者の「明らめ」です。物事の道理を明らかにしなさい——と、仏教は教えています。

すると、どうなりますか？

狐が「あのぶどうは酸っぱい」と言ったのはまちがいです。狐はこう言うべきでした。「おいしそうなぶどうだ。最初、わたしはそう思った。だが、あのぶどうがおいしいか／それも酸っぱいか、食べてみないと分からない。おいしいか／酸っぱいか、確率的に半々としよう。

さて、わたしは、あのぶどうを手に入れるために二度にわたってジャンプした。この上、わたしは二十五回もジャンプして、合計で二十七回ジャンプして、それでもぶどうを入手できないこともある。よしんば二十七回のジャンプでぶどうを手に入れることができても、そのぶどうが酸っぱい危険性もある。そうすると、わたしがぶどうを収得するために費やしたエネルギーと、それを入手したときの成功報酬が引き合わない。エネルギー・ロスのほうが大きすぎる。

だからわたしは、二度のジャンプでやめておく。三度、四度もジャンプする必要はない」

この狐の決断が、仏教で言う「明らめ」になります。

これだと負け惜しみではありません。

だからあなたも、

「一年三百六十五日、それを二十年も三十年も卑屈な思いをして、上司にぺこぺこしながら生きるという代償を払って、その結果、社長の椅子が得られても、支払ったエネルギーと収得した成功報酬が引き合うか／否か、分からない。たぶんエネルギー・ロスのほうが大きいと思う。したがってわたしは、一年三百六十五日を、毎日毎日楽しく生きることにする。奴隷のような会社人間にならないで生きていく」

そのように考えてください。そうして、のんびり、ゆったり、楽しく毎日を送ってください。それが阿呆の生き方であり、仏教はその阿呆の生き方をすすめているのです。

19　思うがままにならないこと

さて、ここで、しばらく仏教の基本の教えを解説します。

仏教の基本の教理は、

――四諦《したい》――

と呼ばれています。〝諦〟はサンスクリット語の〝サトヤ（satya）〟の訳語で、「真理」「真実」の意味です。したがって「四諦」とは「四つの真理」です。この場合の〝諦〟は、前章で述べた「断念する」といった意味ではなく、むしろ「明らめ」の意味です。ですから「四諦」とは「四つの明らめ」になります。

四諦は次の四つです。

1　苦諦《くたい》……人生は苦であるといった明らめ。

2　集諦《じったい》……その原因に関する明らめ。

3　滅諦《めったい》……じゃあ、どうすればよいか、といった明らめ。
4　道諦《どうたい》……その実践についての明らめ。
こうした解説だけではいったい何を言っているのかお分かりにならないでしょう。以下、順次に解説します。

＊

〝四苦八苦《しくはっく》〟という言葉があります。「金策に四苦八苦する」といったふうに使われますが、大変苦労すること、非常に苦しむことをいいます。だが、仏教語としては、これは、
1　生苦《しょうく》……生まれることの苦しみ。
2　老苦《ろうく》……老いることの苦しみ。
3　病苦《びょうく》……病むことの苦しみ。
4　死苦《しく》……死ぬことの苦しみ。
の人間生存の基本的な苦しみである四苦に、次の四苦を加えたものです。
5　愛別離苦《あいべつりく》……愛する者との別離の苦しみ。

6　怨憎会苦《おんぞうえく》……怨み・憎む者と会わねばならぬ苦しみ。
7　求不得苦《ぐふとくく》……求めるものが得られない苦しみ。
8　五陰盛苦《ごおんじょうく》（あるいは五盛陰苦《ごじょうおんく》、五取蘊苦《ごしゅうんく》とも）……人間の肉体も精神も、すべてが苦であるということ。

最初の四苦のうち、生苦というのは、われわれが母親の産道を通過するときの苦しみです。この「生苦」を人生そのものの苦しみと解釈する人もいますが、サンスクリット語によるとあくまでも誕生のときの苦しみです。われわれは誰もがその生苦を味わったのですが、それを憶えている人はいません。したがって、これは過去に体験した苦しみです。

それから死苦は、まだ誰もそれを味わったことのない未来の苦しみです。臨死体験を語る人もいますが、臨死体験はあくまでも生きているあいだの体験であって、決して死苦ではありません。まちがえないでください。

この過去の生苦と未来の死苦のあいだに、われわれが現実世界で体験している老苦と病苦があります。

しかし、この老苦も、老人の苦しみではありません。これは老いる苦しみなんです。

そして老いることは、赤ん坊だって、青年だって、壮年だって、老人と同じスピードで老いているのですよ。ただ赤ん坊の老いは〝成長〟と呼んで良いことのように思い、老人の老いを〝老衰〟と呼んでマイナス価値と思っているだけです。したがって老苦というのは、加齢の苦しみ、エイジングの苦しみになります。

その点では、次の病苦も同じく加齢による病気です。

現代においては、病気は細菌やウイルスによるものが代表的ですが、そんな細菌やウイルスが発見されていなかった昔は、病気に対する治療法はなく、結核などはただ栄養状態をよくし、体力をつけるよりほかなかったのです。それに加齢によって尿の出が悪くなったり、体のあちこちが痛みます。まあ、病気というのは、一種の老化現象です。わたしなども前立腺肥大症による排尿困難に悩まされていますが、これも老化現象だと明らめています。

このように生・老・病・死の四苦は、この世に生まれてきた人間が死に向かって不可逆的に進んでいく、老化現象にほかなりません。いくら金を積んでも、この進行方向を逆にすることはできないのです。

ですから、どうすることもできないものです。思うがままにはなりません。

じつは、この「思うがままにならない」ということが、そもそも〝苦〟といった言葉の本来の意味です。〝苦〟の原語はサンスクリット語の〝ドゥフカ〟、パーリ語の〝ドゥッカ〟で、これは「思うがままにならないこと」といった意味です。

ところが、この思うがままにならないことを、われわれはなんとかして思うがままにしようとします。サプリメント（栄養補助食品）によって老化を遅らせようとしたり、名医を訪ねてがんを治そうとしたり、あれこれ苦労します。つまり、思うがままにならないことを思うがままにしようとする、そうすると「苦」になるのです。そこで中国人はこの「思うがままにならないこと」といった言葉を〝苦〟と訳したのです。したがって読者は、〝苦〟という言葉を苦しい／楽しいといった意味での「苦しいこと」だと考えないでください。それは、われわれ人間がどうすることもできないものなんです。

そして仏教は、

――一切皆苦《いっさいかいく》――

といって、この世の中のすべてのことが思うがままにならないことだと明らめなさいと教えています。あらゆること、いっさいのことが思うがままになりません。わたしなんか〈さあ、今日はしっかり原稿を執筆するぞ〉と決意しながら、どうしても気が乗らないことがあります。自分の気持ち一つ、思うがままにならないのですから、ましてや他人の気持ちなんか思うがままにできません。

にもかかわらず、わたしたちは、なんとかして物事を自分の都合のよいように変えようとします。貧乏人が金持ちになりたいと思ってがんばる。しかし、そもそも貧乏人が金持ちになりたいと思うところが、彼は貧乏を苦にしているのです。そのような人が馬鹿なんです。

阿呆は貧乏を苦にしません。

〈わいは貧乏やけど、別段、それで困ることはあらへん。いちおう三度の食事はすることもできるし、女房や子どもも元気にやってる。まあ、貧乏でもええやんか……〉

そう思えるのが阿呆です。彼は、貧乏を苦にせず貧乏を明らめているのです。

年寄りが年寄りであることを苦にしない。明らめる。

がん患者ががんを苦にせず、がんのまま陽気に毎日を暮らす。

仏教はそういう「明らめ」を教えています。まあ、要するに「阿呆になれ」ということですね。それが仏教の教えです。

＊

それから、生苦・老苦・病苦・死苦の四苦は、ある意味では「孤独の苦しみ」です。

前に『無量寿経』の、

《独生・独死・独去・独来》

といった言葉を紹介しましたが、人間はたった一人でこの世に生まれて来て、たった一人でこの世を去ります。生苦と死苦は、そのような孤独の苦しみです。

そして、わたしたちが老いるのもたった一人です。わたしの老いを他人に肩替りしてもらうわけにはいきません。病気も、他人に代行を頼めません。わたしの老いはわたしが老いねばならないし、わたしの病気はわたしが病まねばなりません。

まあ、生まれてきたときは、別問題にしましょう。仏教の教理では、人間がこの世に生まれて来るとき、それぞれの人がそれぞれの主体的判断でもって自己の両親を選んだことになっています。その意味では、「生」も自己責任ですが、そこまでは言わないでおきます。生まれてきたのは、自分の責任ではないことにしておきます。

けれども、生まれて来たあとは、すべては自己責任ですよ。

自己責任といっても、あまり仰々《ぎょうぎょう》しく考えないでください。ただ、あなたの老いはあなたが老い、あなたの病みはあなたが病み、あなたの死はあなたが死ぬのです。それだけを自覚すればいいのです。

ここで、明治時代の俳人の正岡子規《まさおかしき》（一八六七―一九〇二）の言葉を紹介します。彼は三十歳になる前に脊椎《せきつい》カリエスになり、三十五歳で死ぬまでほとんど病床にありました。その彼が病床にあって認《したた》めた言葉がこれです。彼の『病牀六尺《びょうしょうろくしゃく》』に出てきます。

余は今迄《まで》禅宗の所謂《いわゆる》悟りといふ事を誤解して居た。悟りといふ事は如何《いか》なる場合にも平気で死ぬる事かと思つて居たのは間違ひで、悟るといふ事は如何なる場合にも平気で生きて居る事であつた。

子規は、孤独に老い、孤独に病み、孤独に死んだのです。それが子規の人生でした。

20　愛する妻との別れ

「四苦八苦」の残りの四苦のうち、最初にくるのは、

——愛別離苦——

です。この世においては、われわれは愛する者と別離せねばなりません。

江戸時代に仙厓《せんがい》（一七五〇—一八三七）という禅僧がいました。美濃国（岐阜県）に生まれましたが、博多の聖福寺に迎えられます。書画をよくし、その禅味あふれる禅画は海外にまで知られています。

その仙厓は、あるとき何か芽出《めで》たい文句を書いてくれと、揮毫《きごう》を頼まれました。

「ああ、よしよし」と、彼が書いたのは、

——祖死父死子死孫死——

の八字。頼んだ人はむくれます。こんな縁起の悪い言葉だと、どこにも掛けられない

からです。

だが、仙厓は言いました。

「これほど芽出たいことはないのじゃ。まず爺さんが死んで、それからおやじが亡くなる。そして子が死んで、孫が死ぬ。そういう順番で死ぬのが幸せじゃ。その順番が少しでも前後すれば、どれだけ人は涙を流さねばならないか……」

依頼者はその芽出たい言葉を喜んだといいます。

そうなんです。わたしたちはこの世で、愛した人と別れねばなりません。なろうことなら、子どもより先に親が死にたいですね。でも、それは思うがままになりません。その思うがままにならないことが「苦」、すなわち愛別離苦なんです。

だとすれば、われわれは愛する者との別離を明らめねばなりません。

釈迦の時代、インドの舎衛城《しゃえじょう》（シュラーヴァスティー）にガウタミーという女性がいました。彼女はたった一人の男児を死なせてしまって、その児の死体を抱えて舎衛城の街を走り回っています。

「どなたか、この児の生き返る薬をください」

そう彼女は言うのですが、誰もどうしてやることもできません。

そのとき、近くの祇園精舎《ぎおんしょうじゃ》から托鉢《たくはつ》に来られた釈迦が、狂ったように泣き叫ぶ女を見て言われました。

「女よ、では、わたしがその薬をつくってあげよう」

ガウタミーは喜びます。だから、薬の原料になる芥子種《からしだね》を貰《もら》っておいで……。ただし、その芥子種は、これまで死者を出したことのない家から貰って来るのだよ。彼女はその釈迦の指示に従って、家から家を訪ねて歩きます。

「すみません。お宅は、これまで死者を出したことがありますか？」

その問いに、誰もが「ある」と答えます。

次から次へと家々を渡り歩いているうちに、ようやく彼女は気づくことができました。〈そうだわ、誰もがみんな、愛する者と別れという悲しい体験をしているんだわ〉と。

そして彼女は、釈迦の待っている所に帰って行きます。

「女よ、芥子種を貰って来たかい？」

「いいえ、お釈迦様、わたしにはもう芥子種は要りません。この児を安らかに眠らせてやります」

彼女は釈迦にそう語りました。

彼女は明らめることができたのです。

突然、話が変わりますが、動物園で飼育している母ザルが、仔ザルの死骸をずっと抱えて離そうとしないことがあるそうです。飼育係がその屍体を取り上げようとしても、絶対に離さないのです。

それを見た来園者は、その姿に母性愛を感じます。サルだってわが子に対して強い愛情を持っているのだ、と感激するのです。

だが、飼育係の人はこう言います。

「なあに、もうしばらくすれば死臭がひどくなり、それにたまらなくなって屍体を捨ててしまいますよ」

つまりサルは、まだわが子の死を正確に認識していないのです。

明らめていないわけです。

わたしは、このサルは阿呆だと思います。わが子の死を明らめていないもので、後生大事に死体を抱えています。しかしそれが腐乱死体になって悪臭をはなちはじめると、ポイと捨ててしまう。それが阿呆のすることです。

人間の死も同じです。愛する者を失った人々は悲嘆にくれて泣きます。泣いて、泣い

て、悲しみます。けれども、やがて時間がたつと、人間は悲しみを忘れて立ち直ります。わたしはそれを、

——日にち薬——

と呼びます。いかなる医薬品よりも、日数の経過が悲しみをやわらげてくれるのです。そうして、阿呆は日にち薬によって悲しみから立ち直れるのです。

ところが馬鹿は、いつまでも悲しみを憶《おぼ》えています。いえ、馬鹿の馬鹿たるゆえんは、馬鹿は愛する人を失った悲しみを、

〈わたしはこの悲しみを忘れてはならないのだ。いつまでもあの人のことを憶えていなければならないのだ〉

と考えてしまうことです。そして、いつまでもしくしくと泣いています。

もっと馬鹿なのは、死んだわが子を生き返らせようとすることです。ガウタミーがそうでした。絶対に解決できない問題を解決しようとするのが、阿呆のすることです。

だから釈迦は、ガウタミーに対して、

「汝、馬鹿になるな！　阿呆になれ！」

と教えられたのだと思います。ちょっとおもしろい解釈でしょう。

しかし、人間はサルではありませんから、死体をポイっと捨てるわけにはいきません。葬儀をする必要があります。ガウタミーのように、わが子を鄭重《ていちょう》に葬って、あとは忘れてしまえばいいのです。

現在、日本の仏教は「葬式仏教」と呼ばれています。僧侶がまるで葬儀社の従業員（あるいは契約社員）になってしまった感があります。しかし、百歩譲って、僧侶が葬儀に関与することは是としましょう。けれども、絶対にやってはいけないのは、そのあとの追善供養《ついぜんくよう》の法事です。一周忌や三回忌、七回忌、十三回忌……と、いつまでも人々が死者を忘れないようにと仕向けています。何のためかといえば、お坊さんの金儲けのためです。これほど人を馬鹿にした話はありません。

お坊さんが葬儀において説くべきことは、

「亡くなった人は、お浄土に往って阿弥陀仏（あるいは釈迦仏、大日如来）の弟子になっておられる。あとのことは全部、仏が面倒みてくださるのだから、あなたがたは死者のことは忘れてしまいなさい」

だと思います。それが釈迦の教えです。現代日本のお坊さんは、その釈迦の教えを否定しています。釈迦の教えを否定したものは、絶対に「仏教」ではありません。わたしは、現代日本のお坊さんは「仏教僧」ではなしに「葬儀僧」だと思っています。暴言多謝。

21　孤独が最高の友人

次は「怨憎会苦《おんぞうえく》」です。怨み、憎む者に会わねばならぬ苦しみ。これは「愛別離苦」の反対です。

わたしたちは職場において、いやな人に会わねばなりません。たいていの人は、仕事そのものは嫌いではないのです。しかし、会社の仕事に憂鬱《ゆううつ》を感じるのは、職場の人間関係が大部分の原因です。そして、にもかかわらずわれわれはいやな奴に会わねばならない。これは思うがままにならないことです。

近隣との人間関係だって、思うがままになりません。

家族のあいだだって、嫁と姑の関係に代表されるように、思うがままにならないわけです。

夏目漱石が『草枕』の冒頭でこう言っています。

山路《やまみち》を登りながら、かう考へた。
智に働けば角《かど》が立つ。情に掉《さお》させば流される。意地を通せば窮屈だ。兎角《とかく》に人の世は住みにくい。

では、どうすればよいのでしょうか？

住みにくさが高《こう》じると、安い所へ引き越したくなる。

職場にいやな奴がいるから、どこか住みやすい職場に転勤したくなります。でも、それは問題解決を図っていることで、馬鹿がすることです。転勤した先にもいやな奴がいますよ。

だから、漱石はこう続けています。

人の世を作ったものは神でもなければ鬼でもない。矢張り向ふ三軒両隣りにちらくする唯《ただ》の人である。唯の人が作った人の世が住みにくいからとて、越す国はあるまい。あれば人でなしの国へ行く計《ばか》りだ。人でなしの国は人の世よりも猶《なお》住みにくからう。

まあ、結局、明らめるよりほかなさそうですね。

＊

その次に「求不得苦《ぐふとくく》」。求めるものが得られない苦しみです。

求めるものが財産であれ、地位・名誉・権力であれ、それは思うがままに入手することはできません。孤独の寂しさに悩む人は、誰か友人が欲しいと思いますが、そもそも友人とはなんでしょうか？

あるドイツ人が、「俺には約二百人の友人がいる」と言う日本人の言葉を聞いて、腰を抜かさんばかりにびっくりしていました。なぜ、その発言が驚くべきことなのかを尋ねるわたしに、ドイツ人はこう説明しました。

「だって、親友というのは、その人のためにときには命までも投げ出す人のことでしょう。二百人もの親友といえば、その人は二百個の命が必要になります。親友というのは、生涯のあいだに一人か、せいぜい二人ぐらいしか得られません。あるいは一人も得られないこともあります。それなのに、二百人もの親友がいるなんて……」

「いや、親友はそうかもしれない。しかし、その人が言ったのは、たんなる友人なんだよ。日常、普通に付き合っている友人であれば、二百人くらいいたっていいじゃない!?」

わたしのその反論に、彼はじつに見事に返答してくれました。

「たんなる友人であっても、相手はわたしが困ったときに助けてくれます。別段、物質的な援助をしてくれないかもしれませんが、わたしの悲しみに対して、彼は貴重な時間をわたしのために割いてくれます、そうであれば、わたしのほうでも、相手のために時間を割いてあげねばならないでしょう、その相手が二百人もいれば、いったいどれぐらいの時間を割かねばならないか。不可能ですよ」

確かに、彼の言う通りです。

たぶん「二百人の友人がいる」と言った日本人は、年賀状を交換している相手を友人と考えているのでしょう。その年賀状だって、自分のほうから出したのに、相手から来ないといってやきもきするありさまです。わたしはケータイなどを持っていませんが、近年の若者たちはメル友との付き合いに一喜一憂しているそうです。友人が欲しいと望む人は、自分がその相手の友人になってあげねばならないのです。しかし、相手から付き合いを要求されたとき、あなたは自分の都合におかまいなく相手に付き合うことができますか!?　そこを言っているのが「求不得苦」です。なかなか思うがままにはなりませんね。

それと、もう一つ。かりにわれわれが求めるものが得られても、そのことによってわれわれの欲望が肥大します。その点を忘れてはいけません。

たとえば、あなたが年間所得として一千万円を欲しいと望みます。まあ、なかなかその求めるものは得られませんが、かりに年収が一千万円になっても、あなたは満足できないでしょう。

〈そりゃあね、昔は一千万円が願望であった。でも、いまじゃ一千万円ではダメだ。やはり三千万円欲しい〉

となります。そして、年収三千万円になれば五千万円、五千万円になれば一億の年収が欲しくなる。このように欲望が肥大するものですから、結局は求めるものが得られないのです。

それは、友人に関しても同じです。十人の友人のいる人は、せめて三十人に増やしたいと思い、三十人になれば五十人、五十人になれば百人、二百人、三百人……と、ますます欲望が膨張します。その膨張によって、人間は孤独感を味わうのです。

「親友なんて、生涯のあいだにたった一人得られれば御《おん》の字である。一人の親友も得られないのが、ほとんどの人である」

ドイツ人のように、そう割り切っていると孤独感に悩まされることはありません。


孤独というものは、時として最上の交際である。

イギリスの詩人、ミルトン（一六〇八―七四）の言葉です。（『失楽園（下）』平井正穂訳、岩波文庫）。ひょっとすれば、「孤独」こそが最高の友人かもしれませんね。

＊

「四苦八苦」の最後は、「五陰盛苦《ごおんじょうく》」です。〝五陰〟とは〝五蘊《ごうん》〟ともいい、人間の肉体と精神を五つの集まりに分けて示したものです。ということは、われわれ人間の肉体も精神も、すべてが苦である、つまり思うがままにならないものだ、と言っているのです。したがって、これは、

——一切皆苦——

と、すべてをまとめて言っていることになります。

そこで、ちょっと考えてみましょう。

わたしたちは病気をしたとき、あるいは愛する人を亡くしたとき、苦を感じます。老苦、病苦、死苦や、愛別離苦、怨憎会苦、求不得苦は、なるほどマイナス価値による苦しみです。それじゃあ、マイナス価値ではなく、プラスの価値である健康がいいのか、健康は苦ではないのかと言えば、どうもそうではありません。若さがいいのかといえば、若いが故に血気盛んにして、逆に失敗することもあります。それに、若いと、どうしても性欲が強くなり、その故の悩みもあります。老人や病人はあまり無理をしませんから、「一病息災」ということもあるのです。

だから、健康であれ/病気であれ、若者であれ/老人であれ、人間はみんな苦の存在なんです。そのことを言ったのが、「五陰盛苦」です。

22　物事には因縁がある

人生は苦である。人間存在は苦である。これは冷厳たる事実です。否定のしようがありません。

だが、昔はわたしは、仏教はちょっとペシミスティック（悲観的）すぎると思いました。なぜなら、人生には結構、楽しいことがあるからです。

だが、この世における楽しみは、必ずその裏側に苦しみがあります。恋人と会う楽しみには、別れが待っています。楽／苦は、一枚のコインの裏表ではないでしょうか。だから「一切皆苦」なのです。

この、すべては苦であるということが、医者が患者を診察し、病状を判断する診察になります。そしてこれが、仏教の根本教理である「四諦」の第一の「苦諦」です。わたしたちは、まず最初に、「人生は苦である」と明らめねばなりません。その明らめから仏教は出発します。

そして、その次が「集諦」です。

「集諦」とは、なぜそうなのかを明らめることです。いわば、原因を明らかにすることです。

原因といっても、たった一つではありません。いろんなものがより集まって原因になっています。だから、〝集〟と訳されているのです。

定員が十名のエレベーターに、すでに十一名が乗っていました。そこにいささか肥満体の男が乗ります。すると重量オーバーを報せるブザーが鳴ります。

先に乗っていた十一名は、その最後の男を非難の目で眺めます。〈おまえが悪い〉という目付きです。肥満体の男はすごすごと降ります。

けれども、この最後の男が重量オーバーの原因ではありません。彼がいくら太っていても、誰も乗っていないエレベーターに彼が乗っても重量オーバーにはなりません。とすると、重量オーバーになった原因は、すでに乗っていた十一人にあります。

正確にいえば、重量オーバーの原因は、最後の一人を含めた十二名の全員にあります。それればかりではなく、そのエレベーターが小さいということも原因の一つです。

したがって、原因は一つではありません。いろんなものが集まって原因になっているのです。そのように明らめるのが「集諦」です。

英語に〝ラスト・ストロー（last straw）〟があります。直訳すれば「最後の藁《わら》」ですが、英和辞典だと、

——耐えきれなくなる最後の限界——

と訳されています。どうしてでしょうか……？

ラクダに重い荷物を背負わせます。もう耐えきれなくなる限界ぎりぎりまで積むのです。そして、そのあと、その荷物の上に一本の藁を載せます。軽い一本の藁ですが、それが加わることによってラクダはへたりこんでしまいます。その最後の一本の藁がラスト・ストローです。

これはコップに水を入れたときにも起きる現象です。コップの水をいっぱいにすると、表面張力があって、少し盛り上がるまで入ります。そして、そこにたった一滴の水を加えると、コップから水があふれてしまいます。そのたった一滴の水が引き金になったわけです。

しかし、最後の一滴の水も、最後の一本の藁も、決して原因ではありません。たんな

る引き金にすぎないのです。

ところがわれわれは、この引き金を原因と思っています。友人が不用意に言った一言が引き金になって、大喧嘩になりました。逆でもいいですよ。わたしの一言で友人とのあいだに諍《いさか》いが生じた。わたしは相手の言葉が喧嘩の原因だと思い、相手はわたしの言葉が原因だと思っています。でも、わたしのほうでは、

〈俺はなにもそんな意味で言ったのではないのだ。軽いジョークのつもりで言ったのに、それを根に持つなんて……〉

と、相手が悪いと思っています。しかし、その相手のほうも同じようにわたしが悪いと思っているのですが、わたしはそれに気づいていません。

これは、最後の一言はたんなるラスト・ストロー、つまり引き金にすぎないのに、それを喧嘩の原因だと考えたところに無理があります。喧嘩の原因は、それまでに積まれていた重い荷物の全重量にあります。すでにエレベーターに乗っていた十一人と、そこに最後に乗った一名を加えて、十二人の全員に重量オーバーの原因があります。

つまり、原因はたった一つではないのですよ。

では、嫁と姑の対立の原因は何か？　それは二人がそれまでに積み重ねた全ヒストリ

ーです。結婚以来のさまざまな出来事が全部積み重なって、二人を対立させているのです。

ということは、簡単に言えば、つまるところ、

――原因なんて分からない――

のです。さまざまな原因、さまざまな因縁、さまざまな条件がより集まって原因になっているのですから、われわれには「これが原因だ」とするものが分からないのです。「集諦」というのは、そういうことです。

ですから、われわれは、分からないことが分からないことだと、明らめればよい。それを明らめなさいと、「集諦」はわれわれに教えてくれています。

新米の幼稚園の先生は、この明らめが足りないで失敗するようです。砂場で太郎くんと花子ちゃんが喧嘩をしています。新米の先生は、「どうして喧嘩になったの？」と問います。喧嘩の原因なんて、幼稚園の子どもに分かるわけがありません。おとなだって、民事法廷で甲論乙駁《こうろんおつばく》になり、裁判官も迷うことがしばしばです。それを訊《き》くなんて、まさに新米の先生です。

しかし、先生に問われて、すぐに花子ちゃんが言います。

「だって、太郎くんがわたしの髪を引っ張りました」

するとは先生は太郎くんを叱ります。彼は事実、花子ちゃんの髪を引っ張ったのだから、否定のしようもありません。

だが、それは引き金です。なぜ彼が彼女の髪を引っ張ったか？　それは、太郎が使っていたスコップを、花子が黙って横取りしたからです。そうすると花子が悪いことになりますが、その前に太郎が花子に、

「おまえの父ちゃんデベソ！　続いておまえもデベソ！」

と言ったのです。そして、その前に……。と、喧嘩の原因はさまざまなものが集まっています。だから、これが原因だということが、わたしたちには分かりません。その分からないということが分かるのが明らめです。

＊

それはそうですが、「苦」の大本の原因は何かといえば、欲望にあります。

もっとも、あれが欲しい、これが欲しいという欲望があって、その欲しいものが手に入らない苦は「求不得苦」ですが、そのような欲望だけではありません。きっと根源的

な苦の原因は、

――思うがままにならないことを、思うがままにしたいと思うこと――

です。かりにあなたが一流大学に合格したいと思い、一生懸命に努力して勉強したところで、合格は思うがままにはなりません。あなたにいくら実力があっても、受験の日にあなたが乗ったタクシーが事故にあい、あなたが怪我をすれば受験できなくなります。だから、すべては思うがままにならないこと（苦）なんです。

では、どうすればよいのでしょうか？

わたしたちは明らめればよいのです。

しかし、明らめるということは、断念することではありません。わたしたちは、これは思うがままになること／これは思うがままにならないことを、しっかりと明らめるのです。

たとえば、音楽家がコンサートで演奏します。その人はきっと、自分にできるだけの能力を発揮しようとするでしょう。それはその人の態度や意志の問題であって、その意味ではその人の思うがままになることです。

けれども、その人が聴衆の拍手喝采を浴びようとするのは、彼の思うがままにならないことです。それは聴衆の問題であって、彼の守備範囲の問題ではありません。もっとも、その人がうまい演奏をすれば聴衆は拍手喝采する確率は高くなります。でも、聴衆の動向は本質的に彼の思うがままにならないことです。そのことを明らめなさいと仏教は教えているのです。

ただし、誤解はしないでください。思うがままになるといっても、それは程度問題です。自分がうまい演奏をしようと思っても、基本的には思うがままになりません。その日の体調もありますし、予期せざる出来事によって、気分が滅茶滅茶になることもあります。だから、すべてのことは思うがままにならない。しかし、聴衆の喝采にくらべると、自分のほうはある程度は思うがままになります。そこのところをまちがえないでください。

23　悩みを解決しようとする馬鹿

では、どうすればよいのですか……？　前章の最後に、わたしはそのように設問しました。いえ、すでにお気づきでしょうが、わたしは、機会があるごとに「どうすればよいか？」と設問し、それに答えてきました。

だが、じつは、その「どうすればよいか？」といった設問そのものが、仏教の基本教理である「四諦」の第三の「滅諦」になるのです。

「四諦」の第一は「苦諦」であり、これは人生は苦である、人生においてすべてが思うがままにないことだ、と言っています。

第二は「集諦」です。われわれが人生で苦しむのは、必ずそれ相応の何か原因があります。しかし、その原因はさまざまなものが集まっており、さまざまな因縁の積み重なったものであり、いろんな条件がこんがらがっていて、結局、何が原因かはわれわれには分かりません。その、分からないということが分かればいいのです。それが「集諦」。そして、第三の「滅諦」は、じゃあ、われわれはどうすればよいか……と問いかけたものです。

どうすればよいか？　答えは簡単です。われわれが苦しむのはそれ相応の原因があるのですから、その原因をなくせばいいのです。原因を「滅」すればよい。それが答えです。

ところが、じつはそう簡単ではないのです。

いま言ったように、苦しみの原因はさまざまにあって、そのうちのどれを滅すればよいかが分かりません。そのさまざまにある原因を、ひとまず欲望と呼ぶことにします。それは、思うがままにならないことを思うがままにしたいという欲望です。でも、欲望がなくなれば、人間は生きていけませんよ。欲望をなくせ、ということは、われわれに死ねと命じていることになります。

じつは、〝滅〟といった訳語が問題なんです。この原語はサンスクリット語の〝ニローダ〟で、これは「コントロールする」といった意味です。だから欲望を消滅させるのではなしに、欲望をうまくコントロールするのです。それが「滅諦」。

でも、われわれを苦しめる欲望にはさまざまなものがありますから、どの欲望をどの程度に減らせばいいのか、われわれには見当がつきません。たとえば肥満体で悩む人が、肥満の原因は食事の量にあると考えて、減食します。その結果、拒食症になり、死んでしまった例もあります。肥満の原因はカロリー摂取の過剰だけではなく、その人の運動不足にもあり、その人の肉体的・精神的な生活習慣すべてが原因となっているのです。それこそ何が原因かは分からないのです。それを「これだ」と決めて、その一つの原因をコントロールしようとしたのがまちがいです。

夫婦の不和だって、親子の喧嘩だって、原因は一つではないのです。結婚してからのちの全人生が、いや、結婚する前の交際期間中を含めた全出来事が、不和の原因となっています。それを一つに決めて、その一つをコントロールしようとするのはまちがっています。コントロールするのであれば、自分の全人格をコントロールせねばなりません。なかなかできないことです。

そして、欲望をコントロールすることは、欲望を少なくするよりむずかしいのです。プロ野球の投手だって、なかなかコントロールがついてませんよ。直球のコントロールはあっても、カーブのコントロールのない投手もいます。スライダー、ツーシーム、フォーク、チェンジアップ……と、それぞれの球種にコントロールをつけねばなりません。たぶんそれができるのは天才的なピッチャーだけです。並みのピッチャーに要求できることではありません。

だとすると、われわれ並みの人間が、どのように欲望をコントロールすればいいのでしょうか……？　そこに「滅諦」のむずかしさがあります。

＊

ここで馬鹿と阿呆に登場してもらいます。18節で述べた、馬鹿な蛙と阿呆な狐の、あの馬鹿と阿呆です。

まず馬鹿から。

馬鹿は、悩みごとがあれば、なんとかしてそれを解決しようとして、あれこれ画策します。そして、それをうまく解決した人が賢い人です。けれども、たいていの人はそれを解決できません。失敗します。その失敗する人が馬鹿です。

先ほど言った、肥満体の悩みを解決しようとするのが、馬鹿のすることです。そのあげくに痩せ細って死んでしまいます。すらりとした体型になれる賢い人なんて、滅多にいません。

子どもが不登校になった。親は悩みますよ。悩まない親なんているわけがありません。だが、馬鹿な親は、まず解決策を考えます。〈どうすれば、子どもが学校に行くようになるだろうか……？〉と考え、学校に行かせる方法をあれこれ算段するのです。

そして、失敗します。ときには、わが子が自殺してしまうこともあります。それが馬鹿な親のすることです。

あるいは、あなたに友人がいないとします。あなたは孤独感に悩んでいます。そしてあなたは、〈どうすれば、俺に友人が得られるだろうか……？〉と考える。それが馬鹿の考えることです。

そのとき、馬鹿は、自分に原因があると考えます。自分が他人から好かれないのは、何か自分に好かれない欠点があるからと考えて、それを匡正《きょうせい》しようとするのです。

けれども、原因は一つではありません。あれも欠点、これも欠点と考えて、ついには自分という全人格を否定することになります。ねくらな人間になります。人はたいていねくらな人間を嫌います。そのために彼はますます人から嫌われ、友だちを失くすのです。

それが馬鹿のやり方です。

もう一つの馬鹿のやり方は、自分と相手とがうまく行かないとき、その原因が相手にあると考えてしまうことです。そして、必死になって相手を変えようとします。

会社の同僚と喧嘩をしたとき――これは妻との喧嘩でもいいのですよ――、わたしたちは喧嘩の原因を追究して、相手を裁き、相手に責任を負わせます。

〈そりゃあね、わたしにだっていけない点はありますよ。でもね、あいつのほうがもっと悪い〉

となるのです。あの人は怠け者だ。だからあの人が悪い。あの人に原因がある。あの人が責任を取るべきだ――となるわけです。

しかし、イエスは言っています。

「人を裁くな。あなたがたも裁かれないようにするためである。あなたがたは、自分の裁く裁きで裁かれ、自分の量る秤で量り与えられる」(「マタイによる福音書」7)

わたしたちは、自分が待ち合せの時間に遅刻したときは、自分にはやむを得ず遅刻するはめになった理由があるのだと、心の中で自分を赦《ゆる》しています。しかし相手の遅刻は、相手にどういう事情があったかを勘案することなく、相手を断罪してしまいます。イエスはそのことを叱っているのです。

ともかく、物事の原因なんて分かりませんよ。その分からないものを分かったつもりになって、すべての原因が相手にあるとし、相手を糾弾するのが馬鹿のすることです。

妻と喧嘩をしたとき、

「おまえが悪い！　おまえはこうすべきだ！」

と一方的に相手を責め、どうしようもない決裂にまで夫婦の仲を追い込んでしまうのが馬鹿のすることなんです。

相手を変えようとしても、なかなか無理です。そうすると、相手を変えるより、自分が変わったほうがいいのではないでしょうか。そして、それが阿呆のやり方なんです。

24　福の神と貧乏神

先日、臨済宗のお寺から講演を頼まれました。演題は何にしますか、と問われて、

──なんだっていい──

──阿呆のすすめ──

の二案を出しました。すると、先方のお坊さんは、

「わたしたち禅宗では、師匠からよく、

『馬鹿になれ！』

と言われています。なかなか馬鹿にはなれませんが、でも、先生の言われる『阿呆のすすめ』の演題はなかなかいいですね。それで行きましょう」

と言われました。わたしは、わが意を得たりと思いましたが、ちょっと気になったのは〝馬鹿〟と〝阿呆〟の使い分けです。わたしは大阪人だから、どうしても〝阿呆〟の

ほうに親しみを感じます。しかし、その臨済宗のお坊さんは群馬県の人だから、〝馬鹿〟のほうに親しみを感じておられるのでしょう。それ故、〝馬鹿〟と〝阿呆〟は、これを反対にしてもいいのです。けれども、ここまで書いてきたのだから、いまさらこれを反対にするわけに行きません。このまま書き続けることにします。

ともかく、

馬鹿は……人生の悩みをなんとか解決しようとして、とどのつまりそれに失敗する人です。うまく解決できた人は——そんな人はほとんどいませんが——、まあ賢い人です。

阿呆は……人生の悩みなんか解決できないと明らめて、悩みを抱えたまま、毎日を楽しく生きようとする人です。

そのように区別してください。この言葉の使い分けにどうしても不満のある人は、頭の中で〝馬鹿〟を〝阿呆〟に、〝阿呆〟を〝馬鹿〟に置き換えて読んでください。

さて、阿呆と馬鹿のやり方は、どのように違うでしょうか?

＊

たとえば、あなたが貧乏神に祟《たた》られているとします。

そんな貧乏神なんているわけがない。ましてや貧乏神の祟りなど、あるわけがない。あなたが本気でそう思い、そう信じているなら、あなたは賢い人です。ただし、あなたは貧乏でなければなりません。もしもあなたが大金持ちであれば、あなたはきっと「貧乏神などいない。いない貧乏神が祟るわけがない」と思い、そう言うでしょう。それは、あなたが賢いからではありません。あなたが金持ちであるから、そう思えるのです。したがって、あなたが貧乏にもかかわらず、「貧乏神なんているわけがない。ましてや貧乏神が祟るわけがない」と思い、そう信じられる人が賢い人です。

しかし、貧乏な人は、たいていが自分は貧乏神に祟られていると思います。

〈俺にはどうも運がない。ツキに見放されている。これは貧乏神の祟りである〉

そう思うのが普通です。

で、そのあとどうしますか……？

馬鹿がするのは、貧乏神の撃退です。なんとかして貧乏神を退散させようとします。

だが、そうすればそうするほど、ますます貧乏神はあなたに祟ります。

――触らぬ神に祟りなし――

といった諺《ことわざ》があります。〝触る〟というのは、あなたがその神の存在を気にすることです。貧乏神を気にすると、ご祈祷《きとう》でもってそれを退散させたくなる。そうするとますます貧乏神が気になるのです。その気になることが祟りです。

幽霊だって同じです。幽霊を気にし、ご祈祷して幽霊を退散させようとすれば、そのご祈祷がますますあなたに幽霊を意識させることになります。

だから、馬鹿は貧乏神を撃退しようとして、ますます貧乏神の支配下に入ってしまうのです。

それに対して阿呆は、むしろ貧乏神と仲良くしようとします。

つまり、馬鹿は、自分の思うがままにならない貧乏神を、自分の思うがままに退散させようとして、ますます貧乏神に祟られるわけです。だが阿呆は、貧乏神を自分の思うがままに操ることはできないと明らめて、貧乏神と仲良くするのです。

江戸南町奉行をつとめた根岸鎮衛《やすもり》（一七三七—一八一五）が著した随筆に『耳袋《みみぶくろ》』（『耳嚢』とも表記）があります。そこにおもしろい事例があります。

小石川の牛天神の境内に貧乏神の祠《ほこら》があり、参詣《さんけい》する町人で賑わっていました。その貧乏神が祀られるにいたった因縁は、次の通りです。

同じ小石川に住むお旗本が、代々貧乏で家族がしたいと思うこともできなかったため、朝夕となく難儀をしていた。その人は、ある年の暮れに、貧乏神を画像に描いてお神酒《みき》や洗米などを捧げて祈った。「私はこの数年貧乏なので、思うことが叶わないのもしかたがありませんが、一年中貧しいかわりに不幸なこともありません。ひたすら尊神がお守りくださるのでありましょう。数代の間、私たちをお守りくださる神様ですので、どうかひとつの社を建立して尊神を崇敬致しますゆえ、少しは貧乏をのがれて福分に変りますようにお守り下さい」といって、小さな祠を屋敷の中に建てて朝夕祈った。すると、そのご利益であるのか、思うことも少しずつできる余裕も生まれ、よいことなどもあったため、以前から親しかった牛天神の職にある者にその事情を語り、「境内の隅へでもその祠を移したい」と相談した。別当も、おもしろいことだと思って承知したため、今は牛天神の境内にあるという。（長谷川政春訳『耳袋』教育社）

この旗本が阿呆です。彼は貧乏であることをちっとも苦にしていません。自分は貧乏だけれども、ただ貧乏なだけで他の災厄《さいやく》がないのだから、これは貧乏神が自分を守護してくださっているのだ。そう考えるのが阿呆です。そして貧乏神と仲良くします。それが阿呆のやり方です。

『涅槃経《ねはんぎょう》』という大乗経典に、吉祥天《きっしょうてん》と黒闇天《こくあんてん》の話があります。

福の神である吉祥天が、ある商家に訪れました。主人は喜んで彼女を招き入れます。ところがそのあとを、みすぼらしく醜い女が入って来ました。

「おまえは誰だ?」

「わたしは黒闇天よ。不幸の女神よ。わたしの行くところ、どこでも災厄が起きるのよ」

「そんな貧乏神に入って来られてたまるか?! とっとと消え失せろ!」

「あら、先に入って行ったのは、わたしの姉よ。わたしたち姉妹は、いつも一緒に行動しているのよ。わたしを追い出せば、姉も出て行くわよ。それでいいの……?」

商家の主人は、しばらく考えて言いました。

「仕方がない。それじゃあ、二人とも出て行ってくれ」

これが馬鹿の考え方です。

幸福の神と不幸の神は、いつも一緒にいるのです。貧乏神と福の神は、いわば一枚のコインの裏／表です。
わたしたちは、そこを明らめねばなりません。

25　阿呆になって生きる

では、どうすればよいのでしょうか……？

何度も同じ問いを繰り返しているようですが、少しずつ問いの内容が違っています。整理します。

苦諦……人生は苦であるという明らめ。

集諦……では、なぜ苦なのかといえば、さまざまな原因・因縁・条件が集まっていて、これが苦の原因だということは分かりません。強いていえば、わたしたちが思うがままにならないことを、思うがままにしたいと考える、その欲望に原因があります。

滅諦……では、どうすればよいか？　欲望に原因があるのであれば、その原因をなくせばよいのです。しかし、欲望をすべてなくすことはできませんから、なくすというよりうまくコントロールすればいいことになります。ここまでが「滅諦」です。つまり、欲望が原因だから、その欲望をなくす、あるいはコントロールすればいい――というのが、どうすればよいか？　といった問いに対する解答です。

しかし、その方法がむずかしい。簡単に「欲望をコントロールすればよい」と言っても、いま述べたように、賢い人のやり方もあるし、馬鹿のやり方、阿呆のやり方がありま す。そこでそのやり方について、「では、どうすればよいでしょうか？」という疑問が、ここで問われているのです。そしてこの疑問が、四諦の最後の、道諦……では、どうすればいいのですか……？　その方法についての明らめ。になります。われわれはこの「道諦」について考えてみましょう。

＊

わたしの知っている住職に、高い霊能力を持った人がいます。檀家《だんか》の一人がインチキ宗教に引っかかって、幸福の壺なるものを買わされました。彼はその壺を見て、そこに邪霊を見て、

「おまえ、こんな物を持っていると、邪霊に祟られるぞ。よしよし、わしがちゃんと除霊してやる」

と、その壺を寺に持って来させました。

住職はわたしに壺を見せますが、わたしにはそれは普通の壺でした。

住職はこう語ります。

「もちろん、先生は霊なんて信じませんよね。しかし、わたしには見えるんです。だから霊を売り物にして、善男善女を騙して金を捲き上げるインチキ宗教のペテンに腹が立ってならないのです」

わたしは彼が、わたしのことをよく理解していることに感心しました。

多くの人には、霊なんて見えません。守護霊だとか背後霊、呪縛霊、邪霊、悪霊……とさまざまな霊があるそうですが、それが見える人は少ないのです。

ところが、自分には霊が見えない人が、そこで、

「霊なんてない」

と主張するのはまちがいです。「ない」と言われても、見えている人には見えているのだから、その人にとっては「ある」のです。

だが、反対に、「霊がある」といった主張もまちがいです。「ある」と言われても、見えない人には見えないからです。

そこで、わたしの態度ですが、わたしは、

――霊は、見える人には見えるし、見えない人には見えない――

と考えています。つまり、「ある」と思う人には「ある」、「ない」と思う人には「ない」のです。

この態度は、他のことに関しても言えます。たとえば孤独感、わたしは独りぼっちなんだといった気持ちに悩んでいる人がいます。ときに、その人を励ます意味で、

「あなたは孤独ではないんだよ。あなたのことを思っている人も数多くいるから……」

と声をかける人がいます。そんな言葉で、孤独感に悩んでいる人が救われるでしょうか。それを聞けば、その人はますます孤独を感じるのではないでしょうか。

――孤独を感じる人は孤独であり、孤独を感じない人は孤独でない――

つまるところ、そういうことなんです。だから自分は孤独感に悩まされることがないからといって、孤独感に悩まされている人に、

「孤独に悩むなんておかしい。あなたは孤独ではないのだ！」

と励ますのはおかしいのです。それは、不眠症で悩む人に、

「なあに、人間はとことん眠くなれば眠るものだ。不眠症なんてないのだ」

と言うのと同じです。それは冷たい言葉です。相手のためを思って言っていることにはなりません。

では、わたしたちは、どうすればよいのでしょうか……？

＊

ここで「どうすればよいか？」の問いは、わたしたちが直面する一つ一つの問題、悩みに対して、どのように対処すればよいかを尋ねているのではありません。

不眠症で悩んでいます。どうすればよいでしょうか？

わたしには友人がなく、寂しくてなりません。どうすればよいですか？

がんになりました。どうすべきですか？

わたしは貧乏なんです。どうしたら金持ちになれますか？

いろんな問いが出されます。しかし、そこで問われているのは、問題や悩みの解決法です。そして、わたしは言いました。問題を解決しようとしてあれこれ算段をするのは、馬鹿がすることだ、と。馬鹿は問題を解決しようとして、結局は失敗する人です。

わたしたちは馬鹿になってはいけません。

馬鹿にならずに、阿呆になるべきです。

阿呆は、問題や悩みを解決しようとしません。

阿呆は、人生のすべては思うがままにならないことだと明らめて、思うがままにならないことを思うがままにしようとはしません。

だとすれば、「では、どのようにすればいいですか？」といった問いに対しては、つまるところ「阿呆のすすめ」でもって応えるよりほかなさそうです。

――阿呆になって生きてごらん――

それが最終的な結論になります。いかがですか？　あなたは阿呆になれますか？

26 「南無そのまんま・そのまんま」

法然は浄土宗の開祖です。彼の提唱した、阿弥陀仏の力による救済理論・念仏の信仰は、鎌倉時代の庶民のあいだに燎原《りょうげん》の火のごとくにひろまりました。

その法然に、遊女が尋ねました。

「いかなる因縁か、わたくしは苦海に身を沈める身となりました。このような罪深いわたくしでも、救っていただけるでしょうか？」

その質問に対して、法然は次のように答えています。『法然上人絵図』より、原文は省略してわたしの現代語訳で紹介します（ひろさちや『法然』春秋社による）。

「たしかにそのような渡世は、罪の軽いものではありません。その報いは想像できないほど大きいでしょう。もしもほかに生計の道があれば、すぐさま転業しなさい。

しかし、ほかに生計の道がなく、この身はどうなろうとかまいはしないという求道心もないのであれば、そのままひたすらお念仏を称えなさい。阿弥陀如来はあなたのような罪人を救うために誓願をたてられたのです。深く阿弥陀如来の本願をたのんで、自分を卑下してはいけません。本願をたのんで念仏すれば、往生は疑いないのです」

わたしはここに阿呆の生き方が示されていると思います。

まず法然は、転職が思うがままになるのであれば、転職をすすめます。遊女、売春婦であってはいけない、と本人も思っています。しかし、転業は思うがままになりません。現代のサラリーマンだってそうでしょう。こんな会社にいてはならないと思っても、さっさと罷《や》めることはできません。

転業が思うがままにならないことであり、また遊女を罷めた結果、飢え死にしたってかまわないといった強い決意もないのであれば、

《そのままひたすらお念仏を称えなさい》

と、法然は遊女にアドヴァイスをしています。これは彼女に、「阿呆になれ！」とす

すめているのです。

注意しておいてほしいのは、法然は「救い」というものを「往生」と捉えています。死んだあとで阿弥陀仏の浄土である極楽世界に往き生まれさせてもらえる、これこそが救いだと法然は考えています。なぜかといえば、この世ではあらゆる悩みの真の解決策がないからです。そのことについてはあとで述べます。が、いまは、死後に極楽世界に往生することが救いであるといった考え方にあまりなじまない人は、救いというものを、「気持ちが楽になること」「精神的安定を得ること」だと思ってください。遊女は、自分が遊女のままで、しかも精神的安定を得たいと思って法然に相談したのです。ちょっと虫のいい話です。

この虫のいい相談に、法然がまともに応じると、彼は馬鹿になります。だから彼は遊女に、阿呆になることをすすめました。

それは、そのままひたすらお念仏を称えることです。念仏とは、「南無《なむ》阿弥陀仏」です。この〝南無〟は、サンスクリット語の〝ナモー〟を音訳したもので、「おまかせする」といった意味です。「阿弥陀仏にすべてをおまかせする」という決意表明が「南無阿弥陀仏」です。

おまかせした以上は、文句を言ってはいけません。

あなたはすべてを阿弥陀仏におまかせしたのです。生・殺・与・奪の全権限を阿弥陀仏に委任しました。だから、あなたが苦しもうが、悩もうが、死のうが、それであなたに文句は言えません。

わたしは大勢の人からいろんな相談を受けます。とくに多いのが、息子や娘が自殺した。わたしは苦しくってならない。どうしたらこの苦しみから逃がれることができますか？　といった相談です。

そんな相談に対して、こうしたらいいですよ、ああしたらいいですよと回答する人がいます。でも、そういう回答は馬鹿のすることです。もちろん、死んだ娘のためにお経を誦《よ》んで、それで精神的安定を得る人もいます。だが、たいていの人は、そうすればそうするほど、ますます死者のことが忘れられずに、余計に苦しむことになります。それは馬鹿のすることです。

わたしは、法然と同じく、阿呆になって仏にすべてをまかせることをすすめます。

すべてを仏にまかせたのだから、あなたの苦しみがいっこうに軽減されなくても、あなたは文句を言えません。

「あなたの娘さん（息子さん）は苦しみながら自殺したのでしょう。そのあなたが、〈わたしは苦しみたくない。楽になりたい〉と思うのは、厚かましいにも程がある。あなたはもっと苦しみなさい」

わたしは、相談者にそう言うこともあります。

法然が遊女に教えたのも、そのことだと思います。あなたはすべてを阿弥陀仏におまかせして、ひたすら苦しみなさい。それがお念仏を称えることです。

わたしたちは、たとえば一流大学に現役で合格できることが幸せだと思っています。だが、現役で合格したとき、同級生に自分と相性の悪い者がいて、その人にいじめられて自殺する青年もいます。それなら、一年浪人して大学に入ったほうが幸せかもしれません。仏にすべてをおまかせすれば、「おまえは一年浪人したほうがいいよ」と、仏が配慮してくださったと思えるようになるはずです。

それが阿呆の生き方です。

阿呆は、苦しいときはしっかりと苦しみ、悲しいときはしっかりと悲しめる人間です。法然は遊女に、そういう阿呆になることをすすめたのだと思います。

＊

引きこもりの青年に言ったことがあります。

「きみね、せっかく引きこもりになったのだろう。それなら、もうしばらく引きこもりを続けなさいよ」

わたしのそのアドヴァイスに、青年はにっこり笑いました。いい笑顔でした。

引きこもりをやめるか／やめないか、それは思うがままにできることではありません。その思うがままにならないことを、思うがままにしようとするのが馬鹿です。阿呆になったほうがいいのです。

阿呆は、引きこもりの悩みを解決しようとは思いません。解決しようとしても、思うがままにならないからです。

それで、もうしばらくのあいだ引きこもりを続けます。引きこもりの悩み・苦しみを続けるのです。

やがて機縁が熟せば、引きこもりをやめられます。そうならなければ、あとしばらく引きこもりを続けるとよいのです。

そして、わたしは青年に教えました。

――南無そのまんま・そのまんま――

を唱えるように、と。もちろん、これは、

「南無阿弥陀仏」

「南無法蓮華経」

「南無釈迦牟尼《むに》仏」

「南無大日如来」

「南無観世音菩薩《かんぜおんぼさつ》」

でもいいのです。宗派によって違いますが、その意味は「南無そのまんま・そのまんま」です。引きこもりは引きこもりまま、貧乏人は貧乏なまま、苦しいときは苦しいまま、悲しいときは悲しいまま、そのまんま生きていくのです。

そういう生き方が阿呆の生き方です。

27　すべてはお浄土に往ってから

人間は孤独です。みんな悲しみに耐えて生きています。みんな寂しさに耐えて生きています。

この世で友だちを得ようとしても、真の友人は得られません。この世は競争社会であり、利害の衝突があるからです。まれに親友が出来ることもありますが、まずは滅多にありません。

夫婦のあいだ、親子のあいだ、きょうだいのあいだでも、人間の孤独を本質的に癒してくれる人間関係はありません。まさに漱石が言ったように、《人と人とのあいだに掛ける橋はない》のです。

しかも、夫婦のあいだ、親子のあいだで太い絆が出来たとしても、いつか別れはあるのです。その別れのあと、生き残った者は寂しさを味わねばなりません。互いに愛し合ったけに、その寂しさは一入《ひとしお》です。

それは、親友との別離にも言えることです。親友との離別のあとは、大きな寂しさが待っています。

だが、お浄土には、そんな寂しさはありません。

お浄土においてはみんな仏弟子なんです。そこにおられる仏の弟子となって、みんなが仏教を学んでいます。すべての人が仲間なんです。

そこにはなんの利害関係もありません。男女の性別もなく、年齢を超越している世界がお浄土です。だから競争なんてありません。みんなが平等に生きている世界です。

そういうお浄土に、わたしたちは往き生まれるのです。わたしはそう信じています。

だから、わたしは安心しています。

わが子を亡くした父母は、いつまでも悲しみ続けます。その父母は、〈自分はいまこの世で喜び、笑っているが、きっとあの子は独り寂しい思いをしているだろう……〉と考えるのです。だが、その人は、お浄土を信じていないのです。お浄土を信じていないから、死者は暗くて、じめじめとした黄泉《よみ》の国にいるかのように思っています。あるいは、もっと愚かな人は、墓場の下にいるかのように思っています。

そんな妄想はやめてください。

わたしはお浄土を信じているから、そしてわたし自身は阿弥陀仏の極楽浄土を信じていますから、死んだ人は阿弥陀仏と楽しく語り合っていると思っています。これは釈迦仏の霊山浄土《りょうぜんじょうど》を信じている人は、死者は霊山浄土で釈迦仏と楽しく語り合っていると思えばいいのです。われわれこの世で啀《いが》み合い、怨み、憎み合っている生者よりも、死者のほうがもっと楽しくやっています。そう信じられるとき、わたしたちは本当の意味で死者を幸せにすることができたのです。

わたしは、父も母も、そして祖母も、みんなお浄土で楽しくやっていると信じています。死者を阿弥陀仏におまかせしているのです。わたしが死者のためにしてあげられることはなにもありません。わたしが死者のためにお経を誦んだところで、それが何になるのでしょうか。父母や祖母に、阿弥陀仏が説法してくださっているのですから……。

前にも言いましたが、わたしは、この世で大勢の人に迷惑をかけました。喧嘩をした相手も大勢います。その人たちに、いずれお浄土で再会したときに、

「あのときはすみませんでした」

と謝ろうと思っています。この世で謝ったところで、どこかしこりが残ります。一方

が謝ったが故に、かえって対立が深まることもあります。

だから、本当に謝ることができるのは、お浄土に往ってからです。

そう信じてこの世を生きるのが、阿呆の生き方です。

そういう阿呆の生き方を、わたしはしたいと思っています。

＊

最後に、私事になりますがお許しください。

わたしは八十歳になりました。この本は、八十歳になったわたしの最初の本です。

八十歳といえば、釈迦世尊がインドはクシナガラの地において亡くなられた歳です。

わたしもそんな歳になるまで生かしてもらいました。

もうそんな老人になったのですから、わたしはできるかぎり世間から身を引こうと思っています。そして孤独に、寂しく生きるつもりでいます。あまり世間に遠慮することなく、孤独を楽しんで生きるつもりです。

……と、そんなふうに思っていますが、果たしてどこまで身を引いて生きてることができるか、あまり自信はありません。ひょっとしたら読者に笑われるかもしれません。

そのときは、思う存分笑ってください。
最後の最後に、金子みすゞの詩を紹介します。

さびしいとき

私がさびしいときに、
よその人は知らないの。

私がさびしいときに、
お友だちは笑うの。

私がさびしいときに、
お母さんはやさしいの。

私がさびしいときに、

仏さまはさびしいの。

著者略歴

ひろさちや

1936年大阪府生まれ。宗教評論家。東京大学文学部印度哲学科卒業。同大学院博士課程修了。気象大学校教授を経て、大正大学客員教授。「仏教原理主義者」を名乗り、本来の仏教を伝えるべく執筆、講演活動を中心に活躍。また、仏教以外の宗教も、逆説やユーモアを駆使してわかりやすく解説し、年齢・性別を問わず人気を博している。著書に『「狂い」のすすめ』『「夜逃げ」のすすめ』(以上、集英社新書)、『「善人」のやめ方』『「貧乏」のすすめ』(以上、角川新書)など、600冊近くにのぼる。

【大活字版】

「孤独《こどく》」のすすめ

2019年12月15日　初版第1刷発行

著　者　ひろさちや

発行者　小川 淳

発行所　SBクリエイティブ株式会社
〒106-0032　東京都港区六本木2-4-5
電話：03-5549-1201（営業部）

装　幀　長坂勇司（nagasaka design）

組　版　辻 聡

印刷・製本　大日本印刷株式会社

本書は以下の書籍の同一内容、大活字版です
SB新書「「孤独」のすすめ」

ISBN 978-4-8156-0223-9